なんでやねん！
にがおえ師っ

佐藤恵美

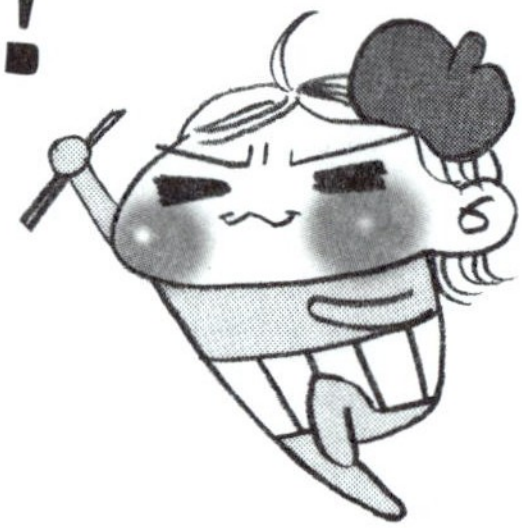

なんでやねん！
にがおえ師っ

佐藤恵美

なんでやねん!
にがおえ師っ
目次

なんでやねん!
にがおえ師っ
目次

まえがき

人の顔色ばかり見る職業です。
と、同時に人の顔ばっかり見て、ある程度省略しつつその人の顔を描くお仕事をしています。サトウさんは。

「にがおえ師って具体的にどういったことをする人たちなのですか?」
とよく聞かれるので先に言ってみた。

逆にどのようなイメージがあるかといろんな人に聞いてみますと……。
「道ばたで絵を描いて、ベレー帽かぶってて、ぷるぷるしている」
「芸大生が、こづかい稼(かせ)ぎにやってる」
「絵描きの〝流し〟みたいな、フーテンの寅さんみたいな……」
などなどです。…意外と当たっているね！　**とくに「ぷるぷるしてる」あたり、かなりいいセンいってるんじゃないでしょうか**。

にがおえ師がたくさん集まるとプルプルという音が聞こえてくるくらい、みんなでぷるぷるやってますよ！　絵を描く人は個人主義の人が多いですが、一度全国のにがおえ師をすべて集めてみたい。たぶん東京ドーム1個じゃ余りまくるから、どこぞの市民会館あたりなんてどうだろう。

にがおえ。漢字で書くと似顔絵。
似顔絵自体、深く考えると得体(えたい)が知れないです。ある人は大衆文化と言い、またある人は崇高(すうこう)なアートと呼び、たまに政治的意見を端的(たんてき)に示すメディアに変わります。
見る人の受け取り方によっては、テロの引き金になったり、結婚式の引き出物になったり。
ただ一つ言えることは、似顔絵は必ず描く人間と描かれる人間の両方が存在しないとできないということです（この場合、自画像はそれに含みません）。

描く人間と描かれる人間の関係がどうだとか、技法はどうだとか、報酬はどうだとかをすべてなぎはらっても、その事だけは真実なのです。

能書きはこれくらいにして、と。

サトウは大阪の天王寺駅の近くの歩道橋で、「流し」みたいに「芸大生がこづかい稼ぎでやってる」みたいに「ウェスタンな帽子をかぶって」「ちょっと寅さんを意識」しながら、「子羊（こひつじ）のようにぷるぷると」似顔絵を描いています（正確には、「描いていました」）。

描き方も画材選定もだれに習ったわけではなく、自己流で。**あえて師をだれかと問えば、歩道橋を含むそこで出会った人というほかなく、サトウはそれに関して一生忘れてはならないと思うほど感謝しています**。

この本は、サトウが似顔絵を通じて感じた日々のよしなしごとをつれづれなるままに描いた随筆、カッコ良く言うとエッセイです。

舞台は大阪、ということで大阪の文化や価値観などもかいま見える感じ（……だといいなあ）。あと、なぜかサトウさんの生まれてからこれまでの人生も振り返ってしまっている、そんな内容です。

だれも私の半生なんて知りたくないかもしれないけど、というか、私自身「過去など振り返らぬわ！」とラオウのように天高く吠（ほ）えたいと思っていたのですが、いかにサトウさんが自分の意志を持たずにここまでやっちゃったのかがわかってうれしい人もいるかも！　という気持ちで描いてみました。

もちろん、ぷるぷるしながら。

みなさんもぷるぷると笑ってくれるとありがたいです。

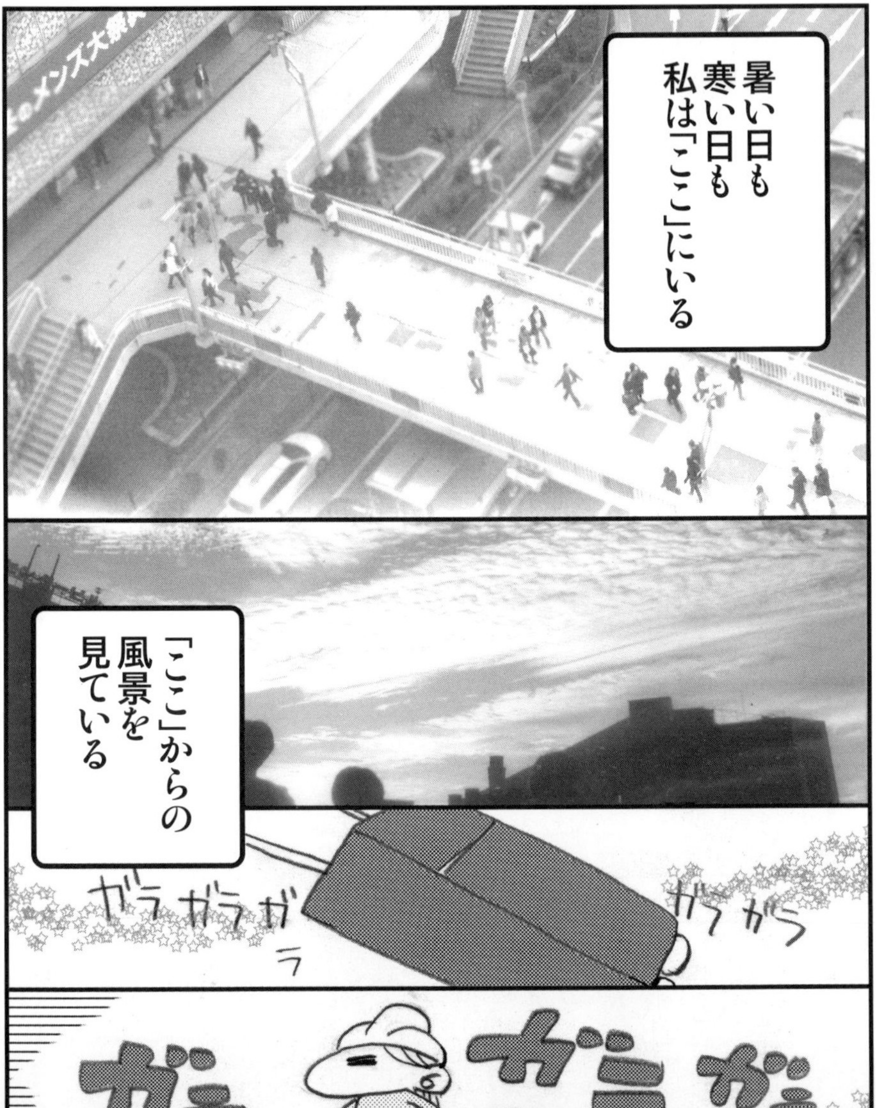
暑い日も
寒い日も
私は「ここ」にいる
「ここ」からの
風景を
見ている
ガラガラガラ
ガラがら
がら
ガラ
がら

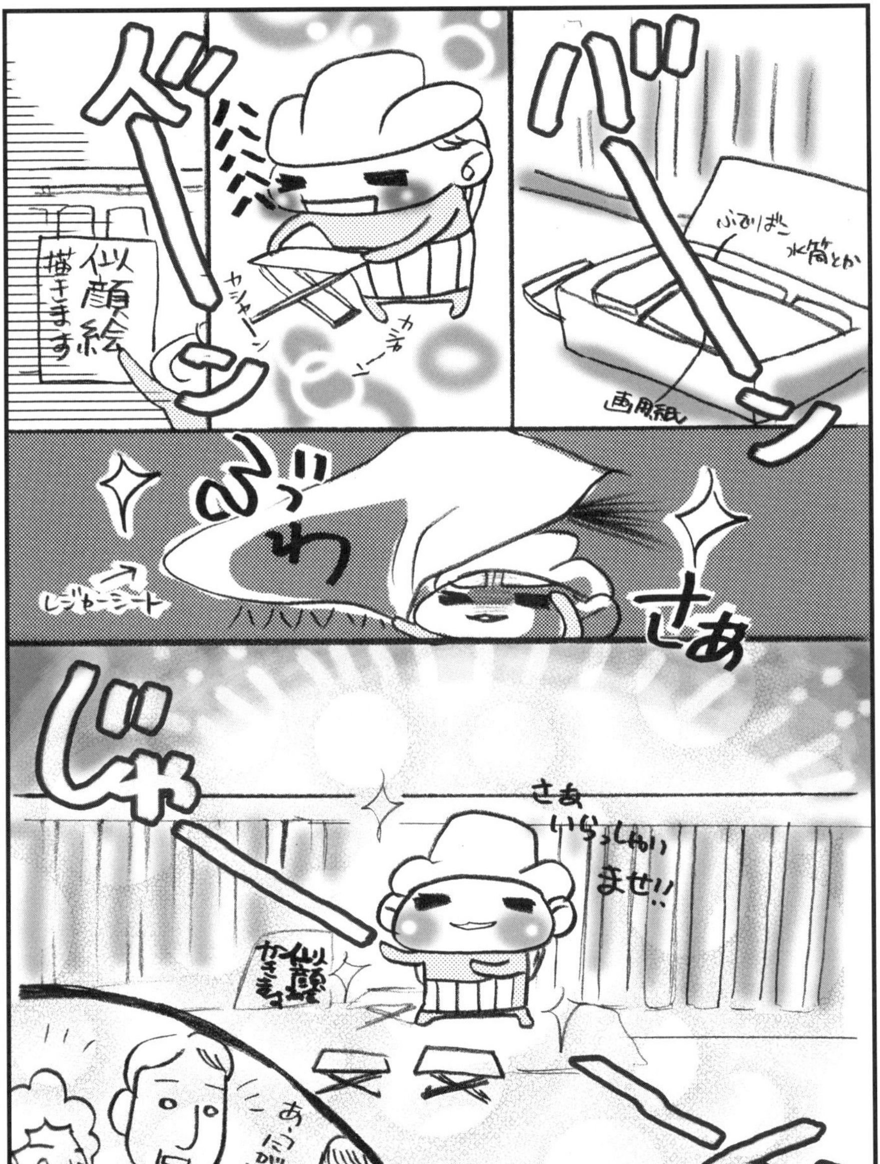
バーン
ぶりぱに 水筒とか
画用紙
カシャーン
カシャーン
ドーン
似顔絵描きます
ふわ
レジャーシート
さあ
じゃーん
さあいらっしゃいませ!!
似顔絵かきます
あ・にがおえ

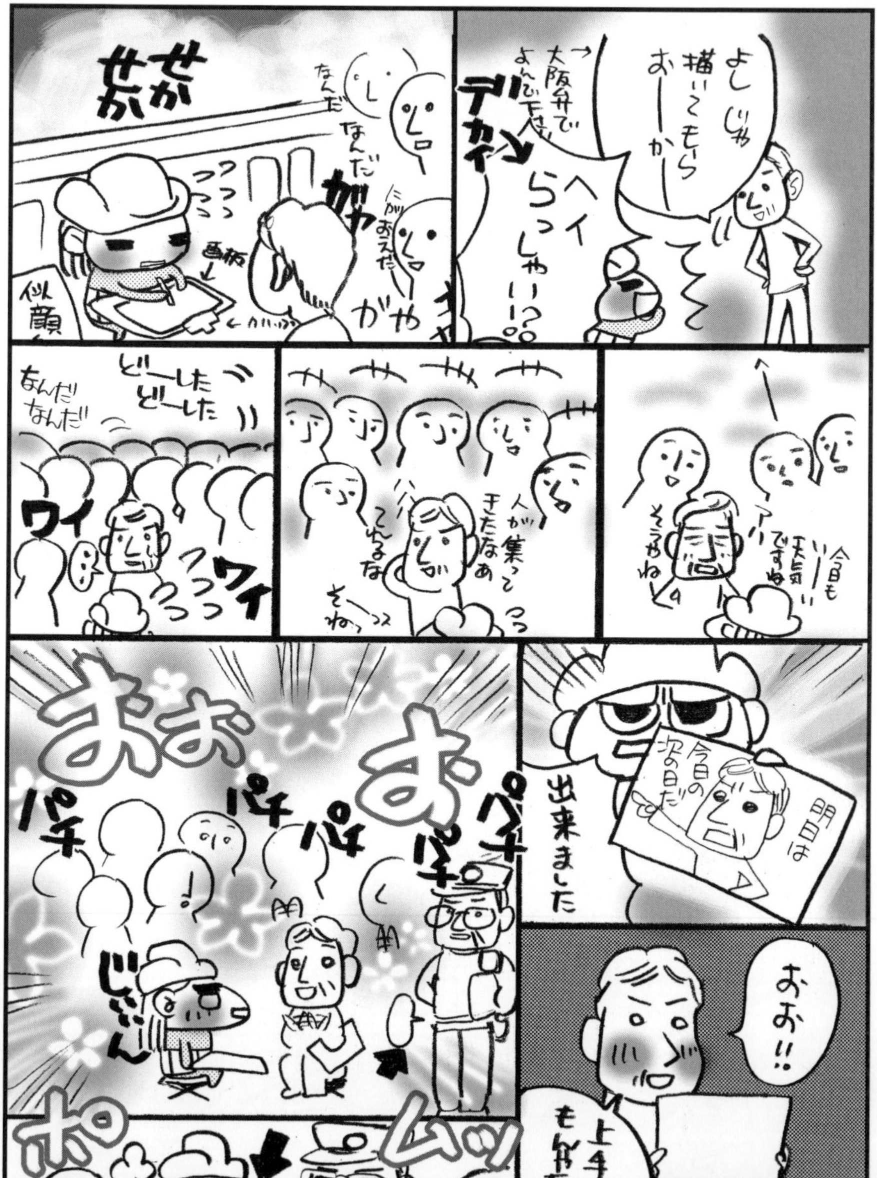
よしじゃ描いてもらおーか
→大阪弁でよんでください
ヘイらっしゃい!?。
デカイ
せかせか
なんだ
なんだ
にがおえだ
ガヤ
ガヤ
画板
似顔
カリカリ
へー
今日もいい天気ですね
アハ
そうかね
ザワ ザワ ザワ ザワ
人が集まってきたなあ
てれるな
そわっ
どーしたどーした
なんだなんだ
ワイ
ワイ
出来ました
明日は今日の次の日だ
おおお
パチ
パチ
パチ
パチ
じいさん
おお!!
上手いもんだなあ
ポムッ
あ

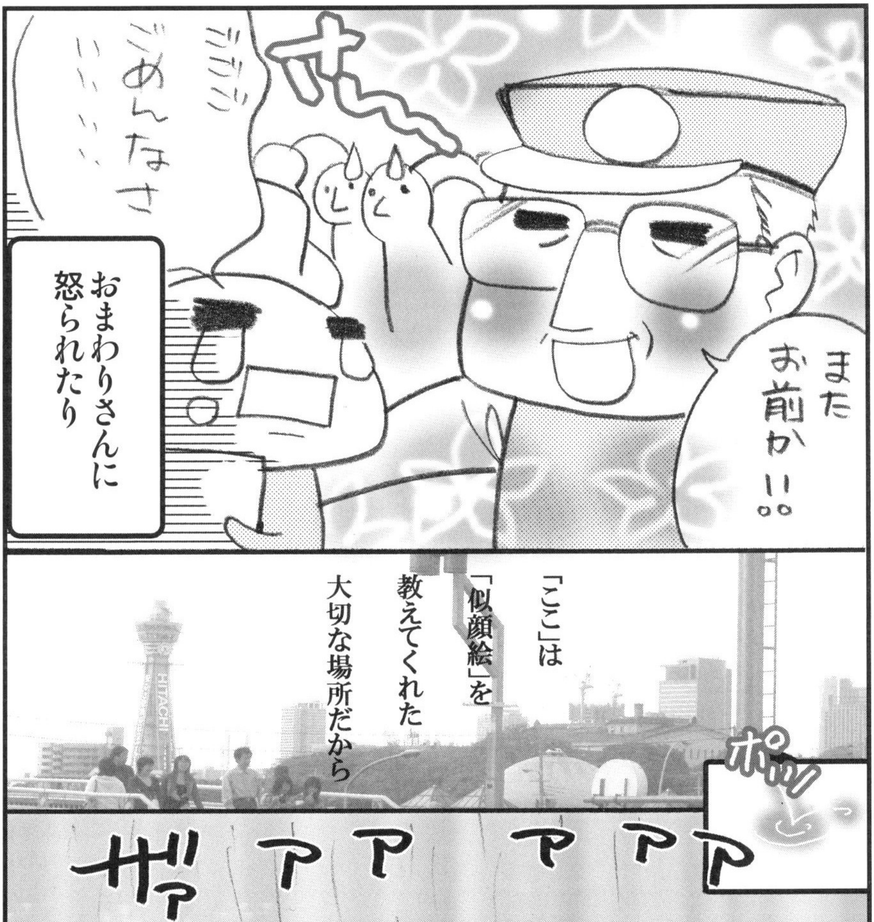

また
お前か!!
ごごごごめんなさいいい…
おまわりさんに怒られたり
「ここ」は「似顔絵」を教えてくれた大切な場所だから
ポツン
ザァアア アアア
雨がどうにもやまなかったり

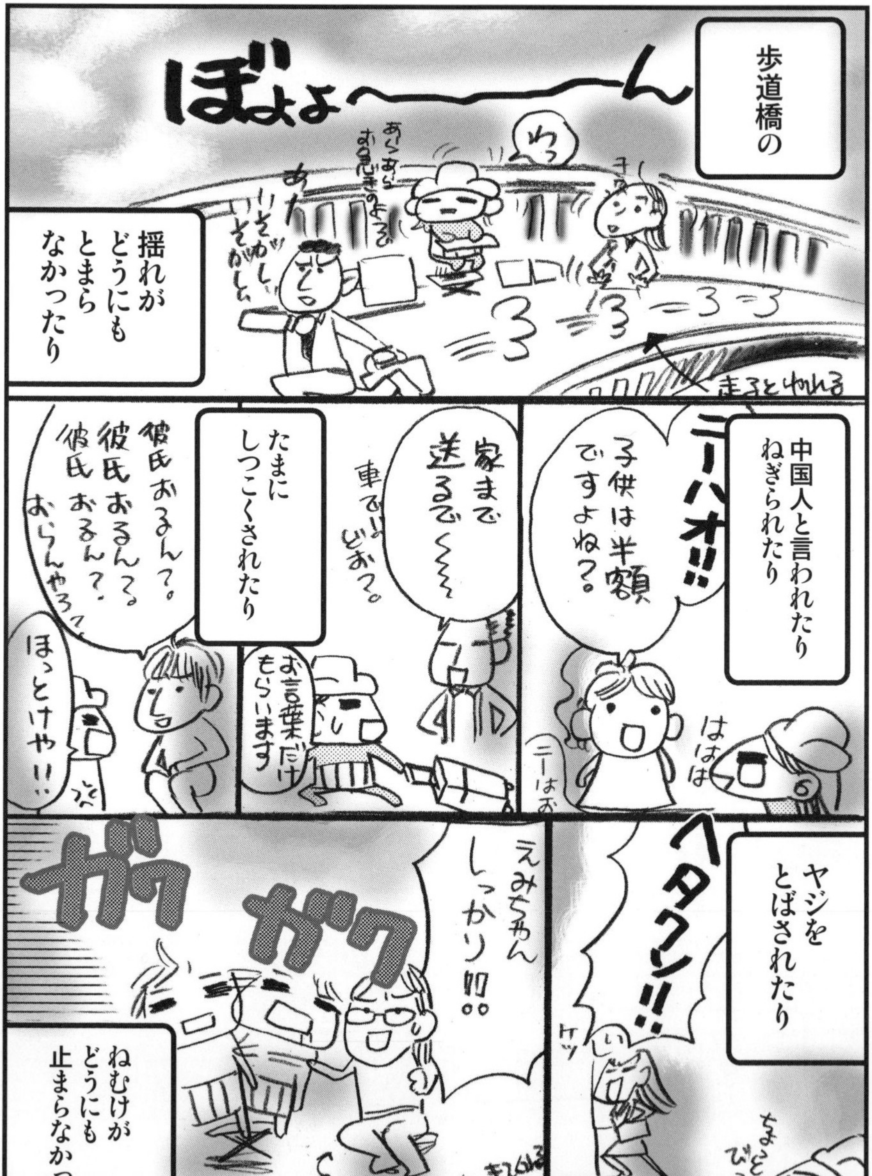

歩道橋の
ぼよょ〜〜〜ん
わっ
揺れがどうにもとまらなかったり
走るとゆれる
中国人と言われたり
ねぎられたり
ニーハオ!!
子供は半額ですよね?
ははは
家まで送るでぇ〜
車でよ どぉ?。
たまにしつこくされたり
お言葉だけもらいます
彼氏おるん?
彼氏おるん?
彼氏おらんやろ
ほっとけや!!
ヤジをとばされたり
ヘタクソ!!
ケッ
ちょっとびっくり
えみちゃんしっかり!!
ガク
ガク
ねむけがどうにも止まらなかったり
たまに手伝いにきてくれるりエちゃん

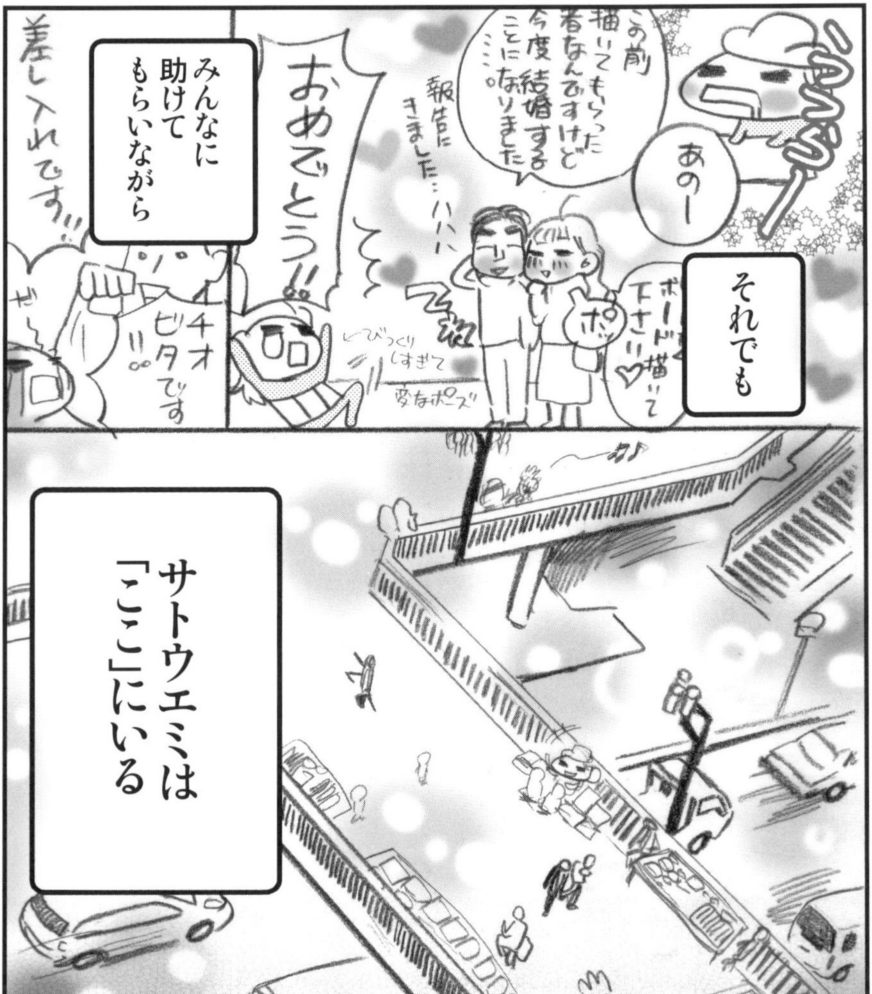
それでも
あのー
この前描いてもらった者なんですけど今度結婚することになりました
報告にきました…ハハハ
ボード描いて下さい♡
ポッ
おめでとう!!
びっくりしすぎて変なポーズ
みんなに助けてもらいながら
差し入れです!!
チオビタです!!
サトウエミは「ここ」にいる

ナニワの路上慕情な人たち。

天王寺という場所の紹介の前に、簡単に大阪という場所についても説明したい。大阪は地図を見てみると、**なんだかエンドウ豆みたいな形をしている。**

「もしくは〝胃袋のカタチ〟だよな…」

中学校のとき、社会の時間にそう思った。

「だから〝食い倒れ〟なのか！　大阪は『天下の台所』じゃなくて、胃袋だ！」

先生にそれをぶつけたら、

「面白い発想だけど、テストでそれ書いたら0点にするから」

とひどく乾燥した返事が返ってきた。

大阪には、胃袋の上と下、キタとミナミがある。もちろん北と南という意味だけど、微妙に違う。違うけど、微妙すぎるので置いとく。世界のどんなところでも、南の方の人は陽気で気さく、北の方の人は寡黙で知的というイメージがあるが、大阪もキタの方はちょっとスタイリッシュというか、ホントの都会っぽいっていうか、とにかくクール。

ミナミは、陽気に青空の下でカラオケをやったり、おしゃれだけどあか抜けないファッションの若者が集い、ビジネスよりは色気や食い気の匂いがぷんぷんしている。天王寺はもちろん、ミナミに位置する。高速道路のすぐそばに動物園があり、そのすぐそばに美術館があり、そのまま歩いていると通天閣のディープゾーンにはまりこみ、コワイと言うか異世界に入ってしまったような奇妙な体験をしてしまうことになる。たぶんこんなに統一性がないのは街の発展途上のときに、それぞれ土地の所有者が好き勝手なことをした結果だと思う……。

けっこう大阪の人間は団結するのが得意じゃない。大企業よりは個人経営の会社や工場も多いし、祭りやストライキ以外で団結するところを見たことがない。つーか、祭り好きだよな。あれは、団結できるから祭りをするのではなくて、祭りがやりたいから団結するのだ。
最近はミナミもずいぶんあか抜けて、若者は関西弁をしゃべらなくなりつつある。東京へのライバル心も薄れて、むしろ真似をしている感じ。

それでも、天王寺を少し歩いてチンチン電車にでも乗ってみると、わかるだろう。**情がアツくて、おせっかいで、少し頭のネジがゆるみがちだということが**。
そんな天王寺の歩道橋に座っていると、本当に情にアツくて面白い人との出会いがいっぱいある。
ケチなくせに、なぜかアメちゃんをくれるおばちゃんたち。
「カレシ」の発音が東京系なのに、語尾が「やねん」な女子高生。
阪神ファン以外の人間に本気で怒るおっちゃん。
「音楽を愛する気持ちは一緒やから」とインディーズバンドのCDを全財産かけて買うホームレスのおっちゃん。
4人がかりで囲みながら、「意外とうまいやん、絵」と職務を忘れて私の似顔絵を見つめる百貨店の警備員さんたち。
「パチンコ、勝っちゃってん」「ユーホーキャッチャーで、とっちゃってん」と、すれ違うたびに景品をくれる会社帰りのおじさん。
「これ、売り物になれへんからあげるわ」といろんな画材をくれた画材屋の店長さん。
みんな、めっちゃ好きやで〜ぃ。

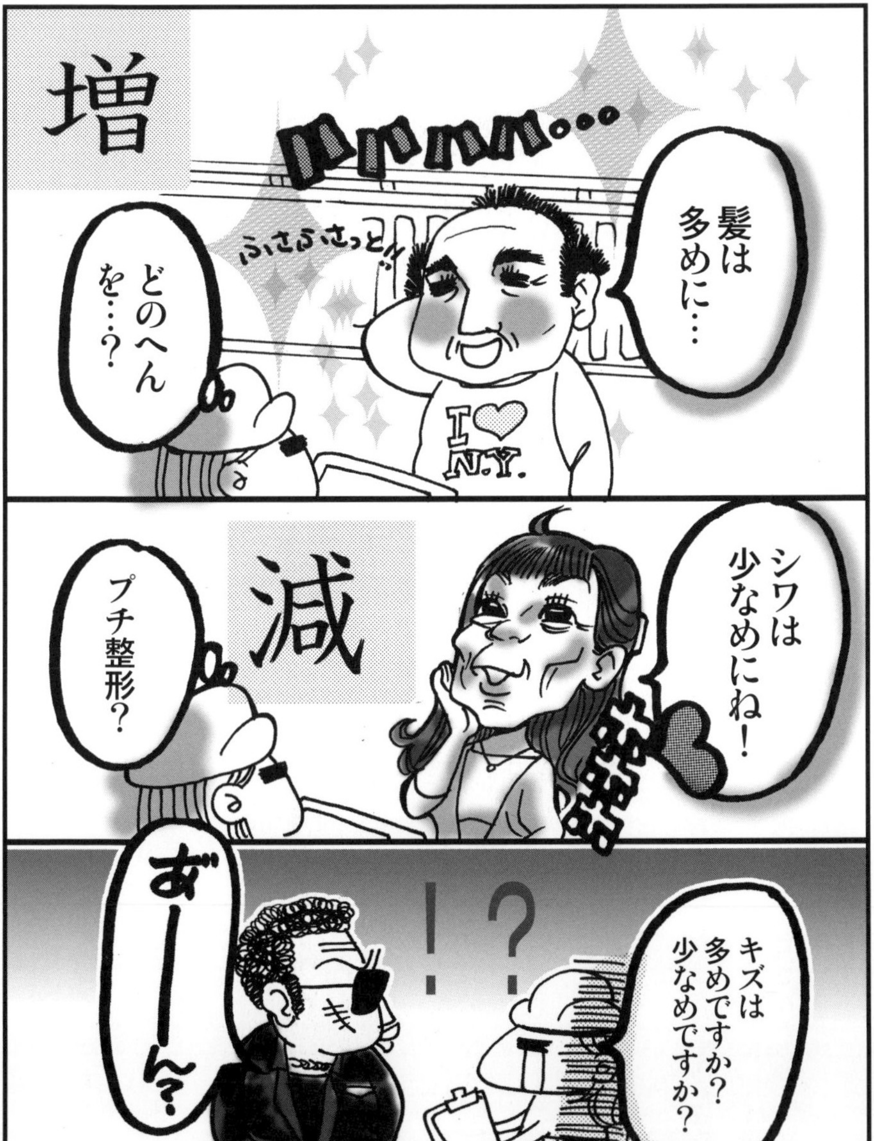

増
髪は多めに…
どのへんを…？
ふさふさっと!!
減
シワは少なめにね！
プチ整形？
キズは多めですか？少なめですか？
!?
あ゛ーーん？

001

増量か、減量か、それが問題だ

似顔絵を描いてもらいたいというお客さんの欲望は「**たかが似顔絵、されど似顔絵**」らしく、果てしない。彼らにしてみれば私は、自分の首から上の悩みを一気に解決してくれる「魔法使いサトー」。しかし、いくら絵の魔法は使えても、わたくし元はタダの人間、あきらかにツルッパゲのおじさまとかが「髪の毛をフサフサに…っ」と切なそうに訴えかけるようにしておっしゃる姿は、狭心症でなくとも胸が苦しくなる。

この間も、ある観光地で似顔絵を描いていたら、熟年カップルがやってきて、男性の方が開口一番、

「**これって、前髪増やしてくださいって言ったら増やしてくれるんですか!?**」

と果敢に改造計画をプレゼンしてきてくれた。本人はいたって真剣である。

「いっそアフロとかにしますか？」と提案すると、「ああ、いいですね。それでお願いします」と涼しい顔。ギャグのつもりで言ったのに…。同行していた女性も負けてはいなかった！

「**じゃあ（何が『じゃあ』なのかわからないが）、私の顔にはシワを描かないでください**」

「笑いジワとかもダメですか」

「ダメです」

「口の端のちょっとしたえくぼっぽいのもダメですか」

「ダメです」

今度はことごとく却下だよー。こんちくしょー。

それでも、とりあえずは一所懸命に「改造顔絵」を描く小さな魔法使いであった。

増やしたり、減らしたりとヒトの大変なカルマの深さにしみじみとなりながら。

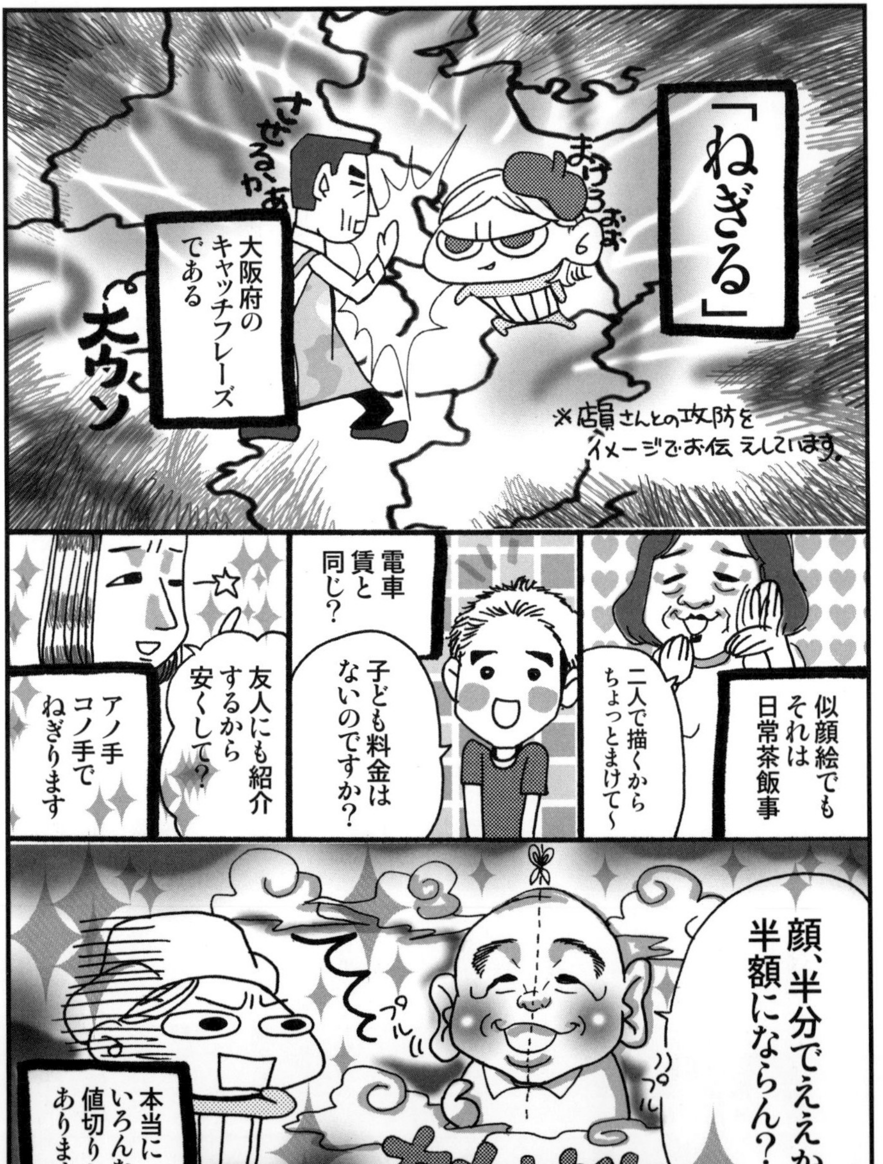
「ねぎる」
まけろぉぉ
させるかぁ
大阪府のキャッチフレーズである
大ウソ
※店員さんとの攻防をイメージでお伝えしています。
似顔絵でもそれは日常茶飯事
二人で描くからちょっとまけて～
電車賃と同じ？
子ども料金はないのですか？
友人にも紹介するから安くして？
アノ手コノ手でねぎります
顔、半分でええから半額にならん？
プルプル
左右対称顔。
本当にいろんな値切りかたがあります

002 値切りの美学

ねぎり、ねぎるとき、ねぎらない、ねぎれば、ねぎれ！

大阪の人は値切る(ねぎ)のが好きだ。サトウも好きだ。大好きだ。好き（スキ）あらば値切るのが大阪の美学。なので、似顔絵を値切ってくる人たちの気持ちはよくわかる！　そして、世の中にはいろんな値切り方があるものだと、値切られる立場になってみて初めて知った。

「子ども料金」の他にも**「新生児なんだからタダでしょ？」**とまるでバスの運賃のような値段設定も提示されたり、不毛の人が、

「どう考えても、（髪の毛が）ふさふさの人とボクではボクの方が描きやすいんだから安くしてよ！」

と半ばかわいそうになってくるぐらいの訴え(うった)を起こされたこともあった。

ペットと一緒のお客さんで、

「あら…似顔絵の値段は『一人』いくらだから、動物はタダなのかと思った…」

とシレッと言った人もいる。

言葉のアヤや面白い発想で巧妙に値段を下げようとするその魂胆(こんたん)！　とっても勉強になる。でも中には、

「ボクは芸能人の○○の親戚(しんせき)なんだけど」

と、トンチンカンなことを言う人もいた。きっと私がその芸能人のファンならば、安くなるだろうとかタダになるとかそういうハラの内があったにちがいないが、芸能人が親戚だからといってその人自身がスゴいわけでもないのに、なぜ似顔絵の料金が安くならなきゃならんのか。不思議だ。

何にせよ世の中には人の数だけ値切り方もあるんだなあと感心した。**次はどんな値切りが待っているのか楽しみでしかたがないサトウさんです。**

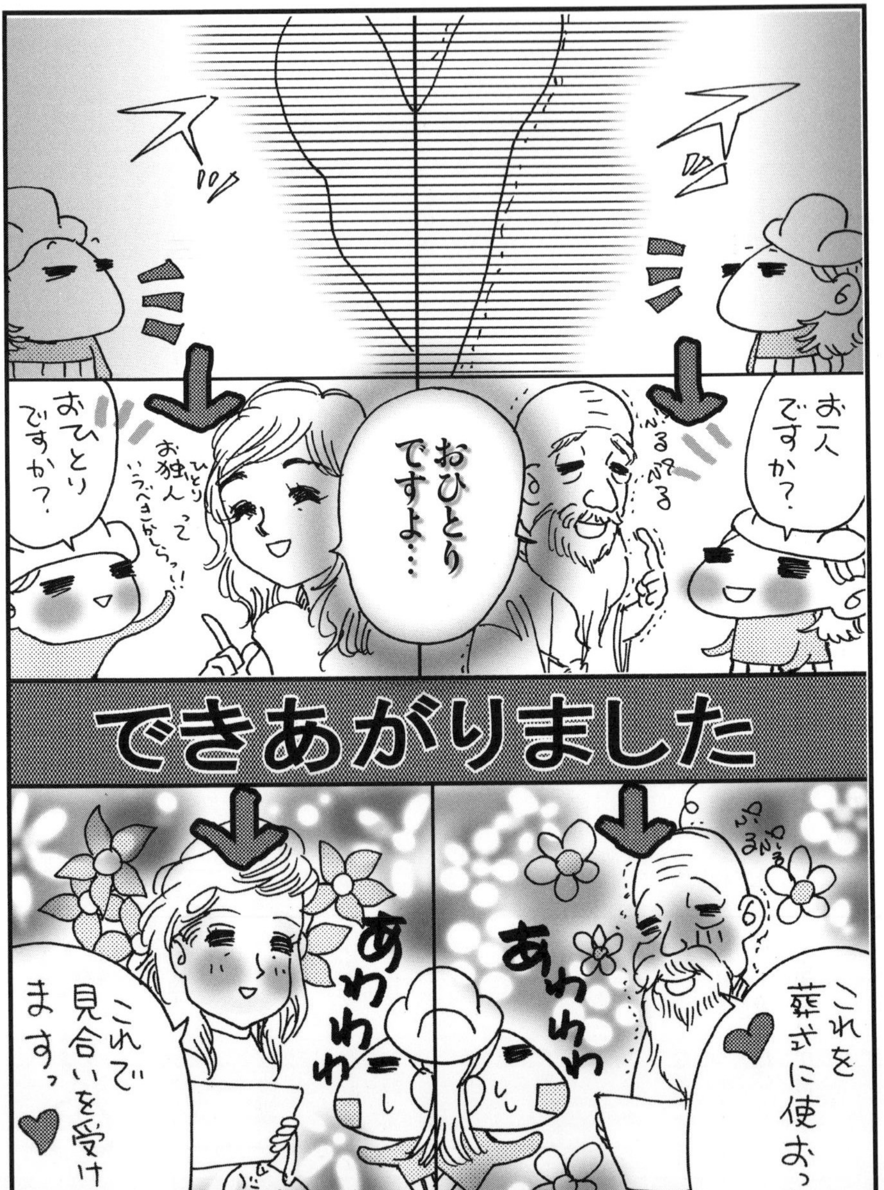
お一人ですか？
ぷるぷる
おひとりですよ…
ひとり
お独人っていうべきかしらっ!!
おひとりですか？
できあがりました
これを葬式に使おっう
ぷるぷる
あわわわ
あわわわわ
これで見合いを受けまくいますっ
ブランドもののバッグ

003 遺影で、イエイ！

「これを遺影（いえい）にしよう……」

60歳以上の年輩（ねんぱい）方の似顔絵を描くとき、すべからく言われる言葉がこれだ。

はじめて聞いたときは、結構（けっこう）ショックでギャグとは思えなかったが、その後ほとんどの御老人がおっしゃっているのを聞いて（サトウ調べ）、

「ああ、この年になると臨終（りんじゅう）もネタになるのだ」

と、納得するサトウ。

この体を張ったギャグは、大阪という土地柄（がら）もあってのことだと思う。大阪人はあえて自虐（じぎゃく）ネタを好む傾向にあり、その自虐の度合いは他県とは比べようがない。そして、笑えないにもかかわらず、自分では面白いとうっすらと自信を持っている……。

サトウもこういった傾向があるだけに、将来は似たようなギャグを連発しそうで恐い。もちろん、そんな自分が大好きだし、そんな大阪ピーポー（ピープル）を誇（ほこ）りに思っている。しかし、ある日それをも越える衝撃の一言を聞いてしまう。

「これを…見合い写真として使おう」

今まさに、みなさまも想像中だろうとは思うが、発言の主は妙齢（みょうれい）の女性だった。

似顔絵が出来上がったまさにそのとき。

「写真だとアラがでてしまう……その点この似顔絵を使えば!!」

と、必死の形相（ぎょうそう）。これはギャグなのか？　それとも本気？　あせるサトウに怪（あや）しく微笑（ほほえ）む彼女であった。これもある意味、もうギリギリ瀬戸際（せとぎわ）な感じが臨終と共通しているんだろうなぁ。

ギャ、ギャグですよね？　ギャグということで、お願いしますよ。

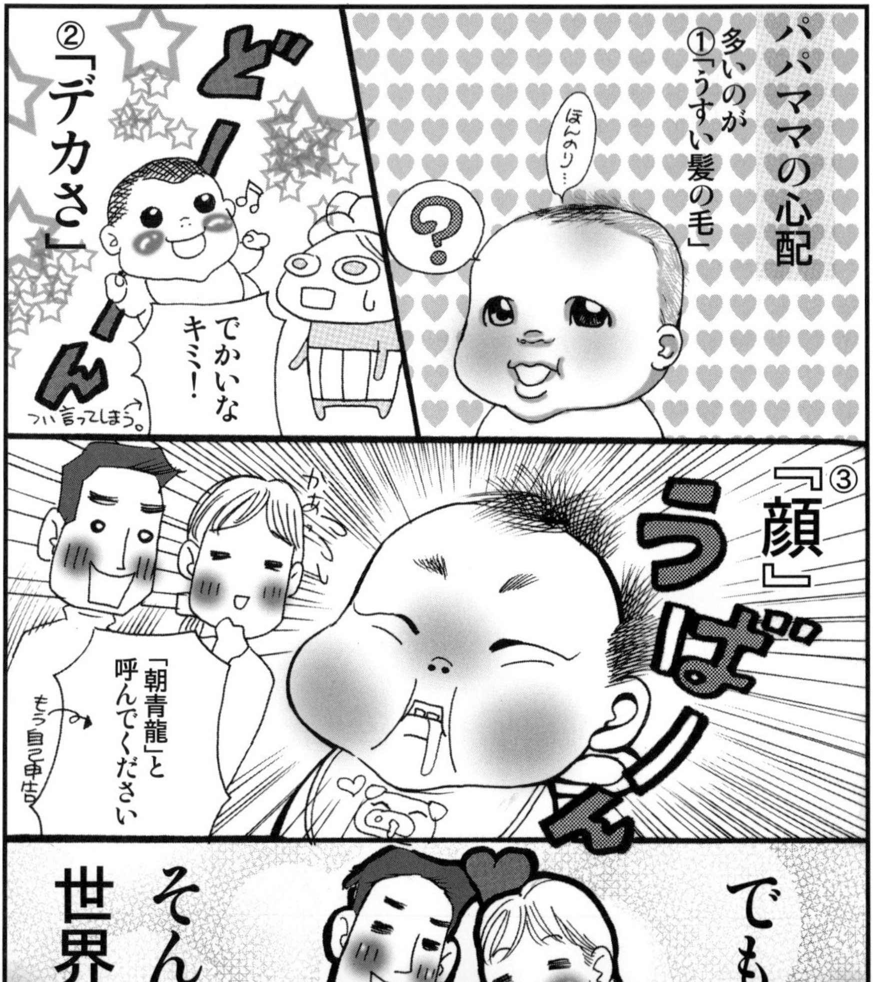
パパママの心配
多いのが
①「うすい髪の毛」
ほんのり…
？
②「デカさ」
どーーん
でかいな
キミ！
つい言ってしまう。
③『顔』
うぱーん
「朝青龍」と
呼んでください
もう自己申告
でも
そんなキミが
世界一☆

004

私の赤ちゃんが世界一

『赤ちゃんという存在は、その両親にとって世界で一番の、本当にかけがえのない存在だ』

似顔絵を描くようになって痛切に感じたことの一つがこれである。

それまでサトウは、親の子に対する愛情はいわゆる「単なる親ばか」だと思って生きてきた。触(さわ)らぬ神にタタリなしと、どんな赤ちゃんを見ても「カワイイ〜」とか「かしこそう〜」など当たりさわりのないことばかりコメントしてきた。ちょっとでも気にさわることを言って、その両親に激怒されたらどうしようとビクビクしていたのである。ましてや似顔絵まで描かせようとしている愛情の深い両親ならなおさらだと。

しかし、似顔絵を描くようになって、**「このぶちゃいくなところを描いてください」**や「見たままを描いてください」という親御(おやご)さんの方がどちらかと言えば多かったのがわかった。

もちろん、赤ちゃんのことをちょっとでも誤解を招くように表現してしまったときに、火山のように怒った人もいるにはいたが、そういう人たちばかりだと思っていただけに、そんなことを言われて感動というか拍子抜(ひょうしぬ)けしたというか、とにかくビックリしたのである。

生まれながらにおっさんみたいな顔をしている赤ちゃんがたまにいるのだが、

「うちの社長です…」

と芝居(しばい)がかった風に紹介する親御さんのユーモアに笑ってしまったこともある。

そういう意味で、赤ちゃんのいいところも悪いところもすべて受け止めてしまっている親が多くて安心し、その愛情の深さにじーんとしてしまったサトウ。

これからも世界一の赤ちゃんたちを描き続けていきたいと思います。

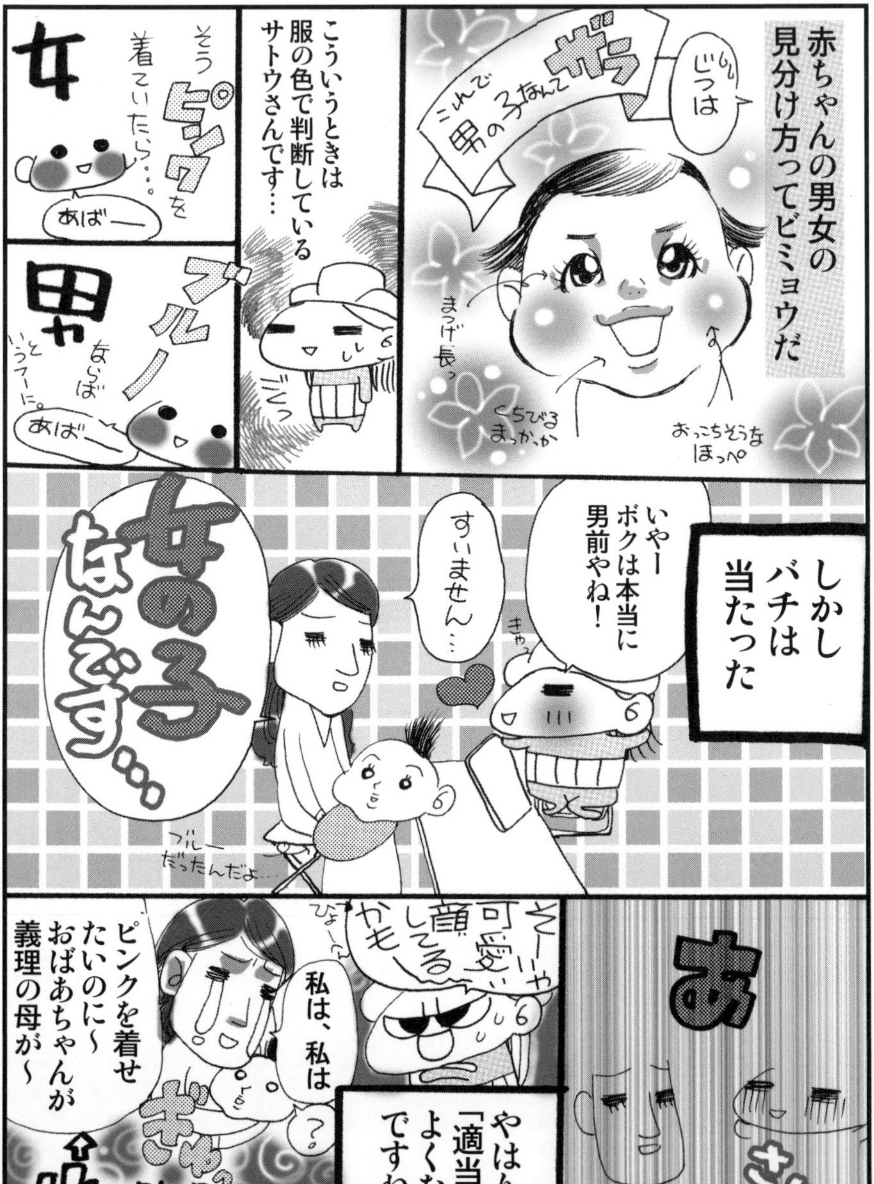
赤ちゃんの男女の見分け方ってビミョウだ
じつは
これで男の子なんてガラ
まつげ長っ
くちびるまっかっか
おっこちそうなほっぺ
こういうときは服の色で判断しているサトウさんです…
そう着ていたら…。
ピンクを
女
あばー
ブルー
男
ならば
というフーに。
あばー
しかしバチは当たった
いやーボクは本当に男前やね!
すいません…
女の子なんです…
ブルーだったんだよ…
あ
さ～
そーいや可愛い顔してるかも
ひょーん
私は、私は
ピンクを着せたいのに～おばあちゃんが義理の母が～
1時間続きました
やはり「適当」はよくないですね

005

こう見えても女の子なんです

ボーイッシュという言葉がある。その反対でガーリーという言葉もあるそうですね。**赤ちゃんの性別は見分けがつきにくい……。でもそんなこと、言えるわけない。**「職業柄たくさんの赤ちゃんを見ているにがおえ師さんなら、赤ちゃんの顔で性別も見分けられるだろう」

みたいな意識をされていると思うからである（あいまいな表現で申しわけない）。しかし、女と思ったら男で、男だと思ったら女だったなんてザラだ。とっても自信がない。でも自信があるようにしないといけない。これはなけなしのサトウのプロ根性である。赤ちゃんの顔だけではなく、まわりの人や雰囲気なども参考に判断だ！

とってもわかりやすいのが「服の色で見分ける」という方法である。

これはけっこう有効な方法で、赤ちゃんの服といえばピンクか水色と相場が決まっているからである！　あ、ちなみに新生児は真っ白が多いですね。なんかの慣習ですかね。で、たまにオレンジや紫色に泣く私。

先に名前を聞いちゃって、その名前で判断するという方法もある。**しかし、最近は男か女か分からない名前が増えましたね〜。**

「ちかちゃん」「ちかちゃん」と呼ばれている子どもの名前が、「誓（ちかう）君」という男の子だったりして度肝を抜かれそうになりました。

かわいいかわいい赤ちゃんだけど、性別によって色々と問題もあったりして、けっこうナーバスになっているお母さんも多いし、何より大ヨワリのサトウ。なんかもっといい方法ないかな〜。

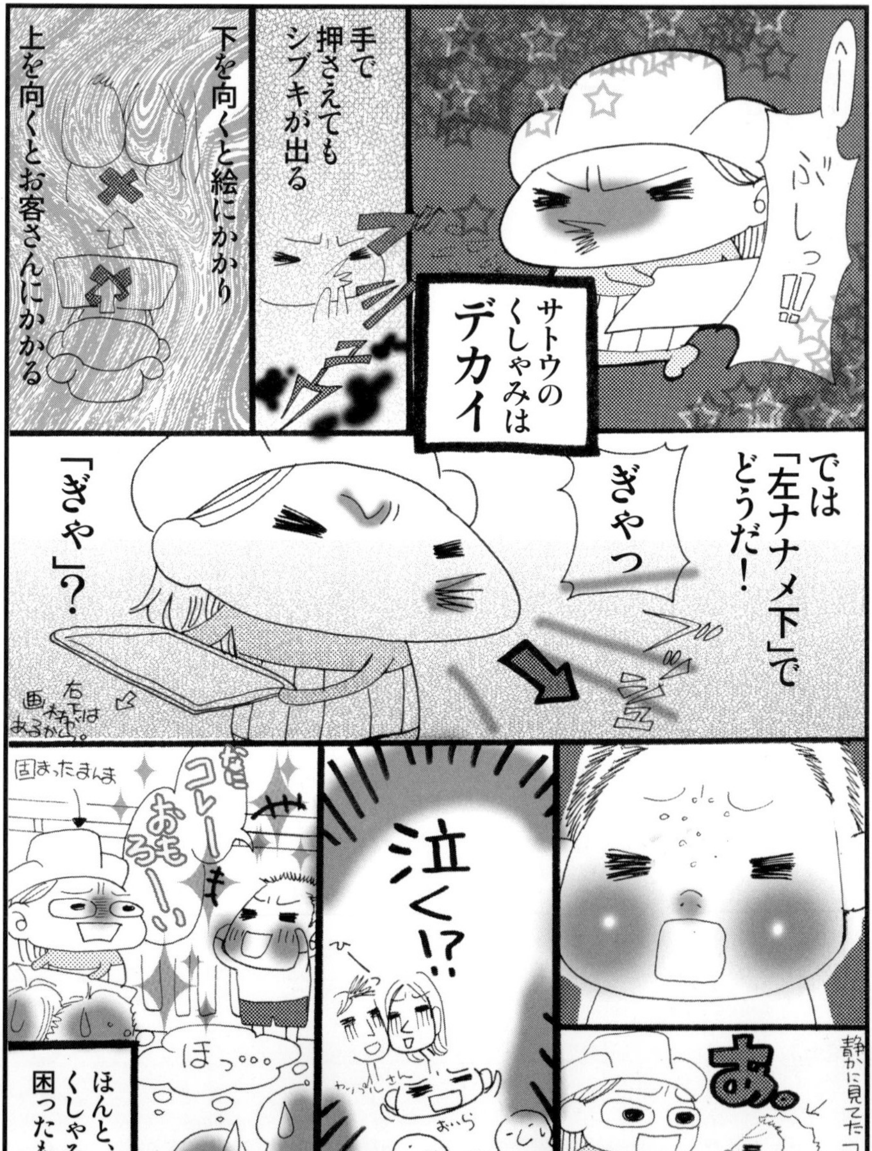
ぶしっっ!!
手で押さえてもシブキが出る
下を向くと絵にかかり
上を向くとお客さんにかかる
サトウのくしゃみはデカイ
では「左ナナメ下」でどうだ!
ぎゃっ
「ぎゃ」?
右下は画材があるから。
泣く!?
ひー
カップルさん
おいら
まわりのヒトビト
なにコレーーおもろーーい
固まったまんま
ほっ…
あ。
静かに見てたコドモ!?
ほんと、くしゃみは困ったもんです

006

サトウさんのクシャミと似顔絵

「へっくしょん！」
「へくしょーい！」
「フブシ！！」

…すべてサトウのクシャミ音です。

マンガみたいな音が出ます。人が多いところでクシャミをしていたら、加藤茶と間違われました。私はサトウなのに。

花粉症でもないのに（と言っておこう）サトウは年中クシャミをする。太陽を見てはクシャミをし、風が吹けばクシャミをする。でもアレルギーじゃない（はず）。

普段の生活では「何だ、今の音は！」とビックリされるくらいでなんの弊害（へいがい）もないのだが、似顔絵の場合は画材がパステルという粉状のものを使うのでかなり困る。

その前に、お客さんの前でその人の似顔絵に鼻水が飛び散ったらイヤな気分になるのは明らかだ。手で押さえるのもよくない。パステルだらけの手で顔を押さえたら、顔がパステルでまだらになってしまう。というか、手に水分が付着したら、それが絵の汚れの原因にもなるからとてもイヤだ。

なのでサトウはクシャミのときは、とりあえずだれもいない方向へするようにしている。しかし、そのチョイスも難しい。**一度真上を向いて豪快にクシャミをしたことがあったのだけど、豪快に鼻水が降ってきて後悔した（重力ってすごいなー）**。

とりあえず画材を自分から向かって右下に置くことが多いので、左を向いてクシャミをすることにしたが、そこにいることを知らずにたまに小さい子どもに「かけて」しまって大ひんしゅく。みんな気配を消してサトウに近寄ってくるから全然気がつけへん。

私がにぶいだけなのか。

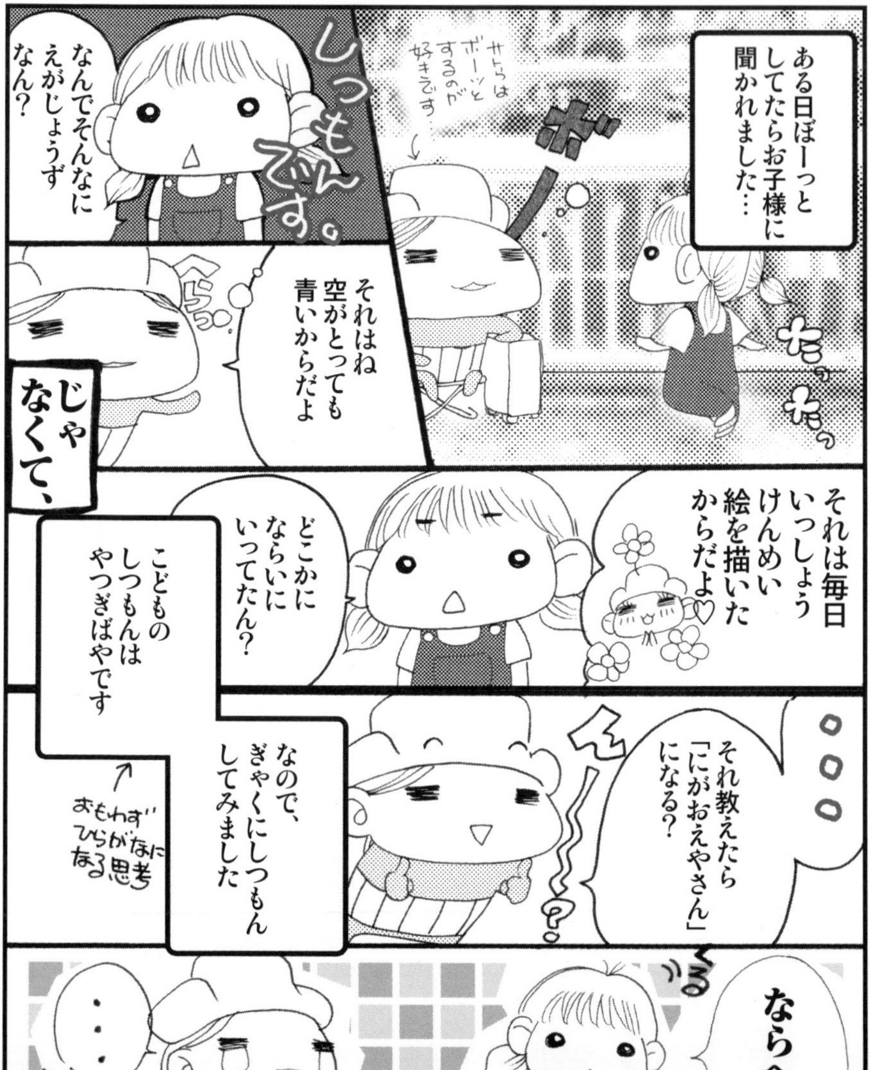
ある日ぼーっとしてたらお子様に聞かれました…
サトらはボーッとするのが好きです…
ボッ
たっ たっ
しつもんです。
なんでそんなにえがじょうずなん？
それはね空がとっても青いからだよ
へらっ
じゃなくて、
それは毎日いっしょうけんめい絵を描いたからだよ♡
どこかにならいにいってたん？
こどものしつもんはやつぎばやです
おもわずひらがなになる思考
それ教えたら「にがおえやさん」になる？
えーーー？
なので、ぎゃくにしつもんしてみました
ならへん
くるっ
・・・
しょーん
たっ たっ

子どもは純粋？

現在過去未来、子どもの質問攻めに悶絶したくなる人は後をたたない。よね？　どうなんでしょうか。

007

サトウは基本的に小さなお子様は大好きなのだが、なまじ最近の子どもは頭がいいというか変に頭でっかちというか、変に知恵がついていたりしてて扱いづらい。質問で一番多いのが、

「どうして、そんなに絵がうまいの？」「私も練習したらそれくらいうまくなる？」

である。夢を持って絵を描いてもらいたいので、

「そうだね！　毎日たくさん描いていたらこんなにうまくなったんだよ☆」

とＮＨＫの教育テレビのお姉さんみたいに答えるが、これがけっこうしんどい……。

「才能がないとダメだって言われたよ」などと言う子もいて、

「そーんなことないよ！　逆にね、どんだけ才能があっても毎日描かないと手の筋肉が成長しないから、いーつまでたってもうまくならないんだよっ☆」

と弾みをつけて答えているサトウ。悲しい。ある日、私が手にしていた羽根ぼうきを指さしながら、女の子が、

「ハリーポッターみたい」と言った。その隣の女の子も、

「本当だ～。でも、あれは映画の中だけの話だよー。そうだよね？」

と私に聞いてきた。やべえ、なんて答えよう。まず羽根ぼうきはまったくハリーポッターと関係ないことを言うべきか？　それとも「これは魔法の羽根ぼうきで、私はこれがあるから絵がうまいんだ！」とか言おうか？　どうなんだ。なんなんだ。とりあえず、後者を選択。子どもの返事は、

「ふーん」で、あった…。泣きそうになった。

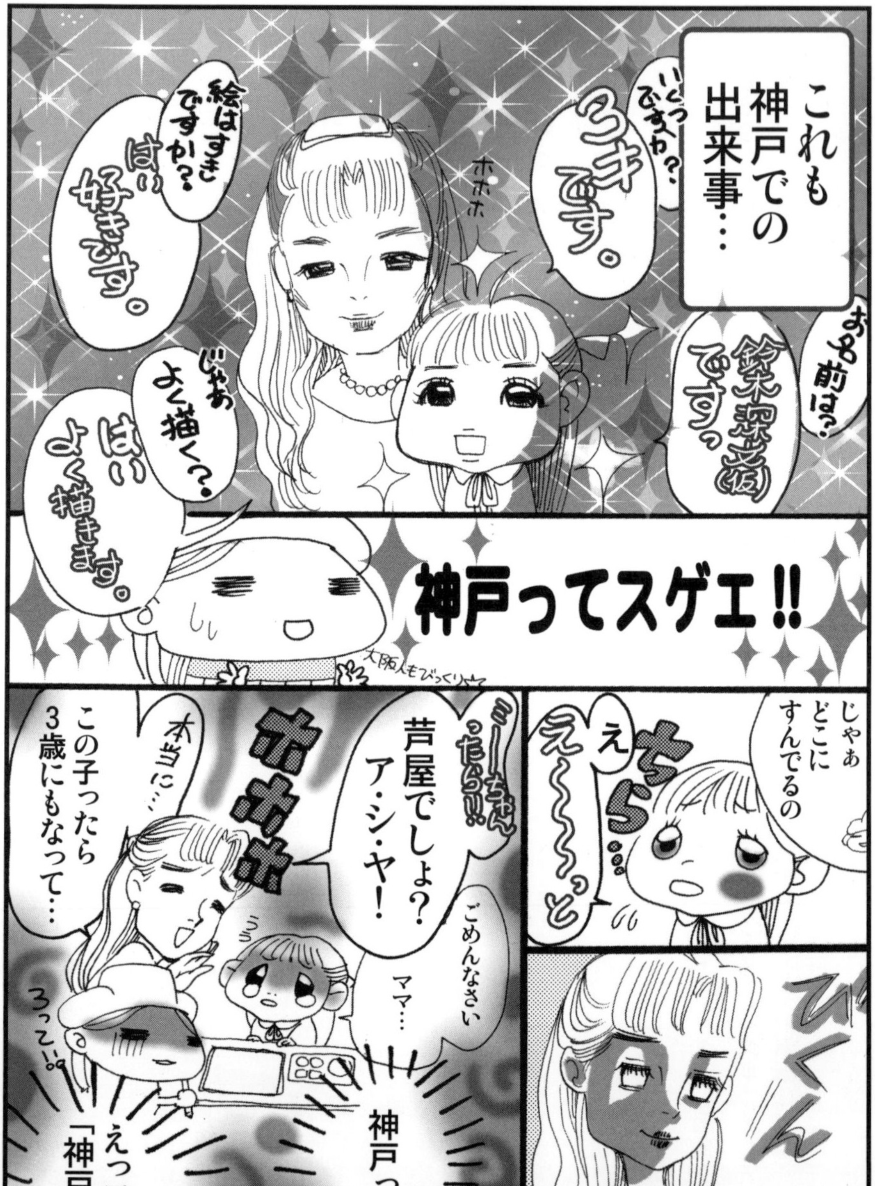
これも神戸での出来事…
おな前は？
鈴木翠文(仮)ですっ
いくつですか？
3才です。
ホホホ
絵はすきですか？
はい好きです。
じゃあよく描く？
はいよく描きます。
神戸ってスゲエ!!
大阪人もびっくり☆
じゃぁどこにすんでるの
え ち ら…
え～～～っと
ひくん
ミーちゃんったら!!
芦屋でしょ？ア・シ・ヤ！
ホホホ
本当に…
この子ったら3歳にもなって…
ごめんなさいママ…
うう
3って!!
神戸って
えっコレ「神戸」？

008

神戸の教育ママ

それは伝説の生き物だと思ってたよ。ドラ○もんに出てくるスネ夫のママみたいなママなんてさ…ふっ。しかし、いるところには、いた！

神戸の某大手百貨店の真ん前で似顔絵をやったときのこと、ハイソサエティ！なオーラたっぷりの建物の前でユニ○ロのカーキ色の上着を着ていたサトウの前に、ハイソサエティ！な親子あらわる。

お子さんもお母さんに似てとってもお利口そうで！　そのワンピースはなんですか?!　ブランドものですか?!

そのお母さん、別に冠婚葬祭でもないのにパールのネックレスをつけてますよ！

化粧もばっちし決めてますよ！

「さ、○○ちゃん、お顔を描いてもらいましょうね」

奥様が物腰柔らかく言います。

「……」

子どもは無言。恥ずかしいのか、もじもじしている。すると奥様は1オクターブほど声を高くして、

「**お返事はっ?**」

最後の「っ」を言った瞬間、奥様の首の筋がこれでもかと張っていたのが印象的でした。

こえええええええええええええ。

いやはや、神戸をおとしめるつもりも、怒らせるつもりも毛頭ないのですが。

「やっぱ、場所のせいもあるよね……」と遠い目にならざるをえなかった…。

そしてそのお子様をとってもかわいく描きました……。音速で。**もう少し待てば**、「**ざぁ〜ます**」**とかおっしゃったかもしれません**。同じ関西なのに、けっこう違うところは違うものなのですね。

東京のシロガネあたりにも伝説がたくさんありそうです。今度行きたいです。

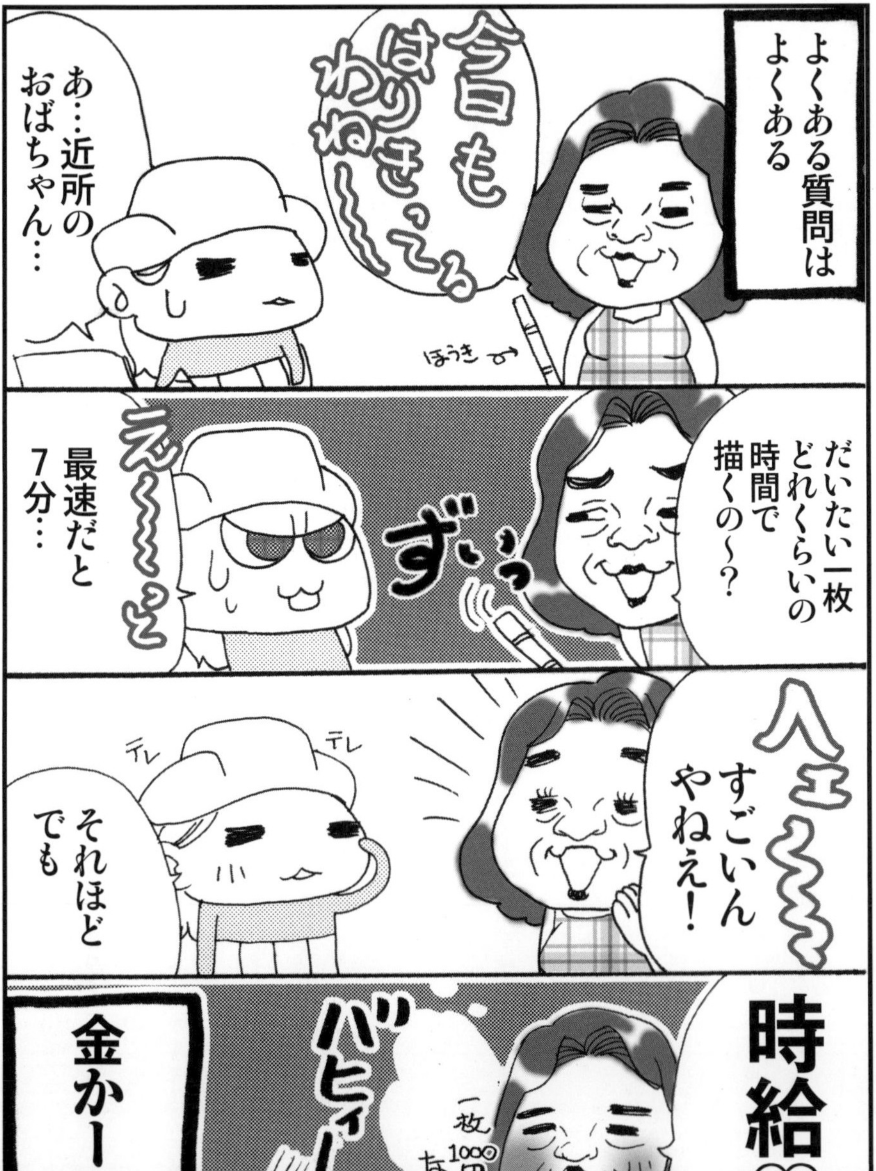
よくある質問はよくある
今日もはりきってるわね〜〜
ほうき
あ…近所のおばちゃん…
だいたい一枚どれくらいの時間で描くの〜？
えぇ〜〜〜と
最速だと7分…
ヘェ〜〜〜
すごいんやねえ！
テレ
テレ
それほどでも
時給♡
一枚1000円なんやろ？
バヒィーン
金かーい

009

勝手に時給換算

「もうかりまっか〜？」「ぼちぼちでんな〜」→の言葉は死語になっているようですね。けれども関西人における「あの人はいくらもうけてんねやろ?!　知りたい、知りたい、知りたい〜〜〜」という心理はいまだに長く続いている気がします。

にがおえ師をやっていても「にがおえ師ってそんなにもうかるものなん?!」という質問が多い。心配という気持ちもあるのだろうけども、ただ単なる興味に近いだろう。

「にがおえ師はもうかるのか？」

答えはイエスであり、ノーである。

ぶっちゃけ、関西での似顔絵文化は衰退（すいたい）の一途をたどっている。

その原因は悲しいことに「似顔絵では食っていけない」というもの。そしてそれは唯一にして最大の理由である。何を隠そう、このサトウも似顔絵だけで食ってはいけないと思い、大学卒業後2年くらい画材屋でバイトをしていたくらいだ（そのあとは、にがおえ師一本で頑張ってますが…）。

しかし、そのおかげでライバルが少ないのも事実。しっかりとした絵の技術はもちろん必要だけど、数が少ないことによってお客の取り合いみたいなことにはなっていない。事実、サトウのお客の中には3年5年と長くつき合ってくれているお客さんがいて、「ああ、もう今月はダメだ」と思ってもひょいと収入が増えることがしばしばなのだ。

要はやる気と運といったところでしょうか。

最高は2万円、最低は0円（というかマイナス？）というのが今のところのサトウの時給です。

さぁ、今日も頑張ってかせぐぞー!!

010

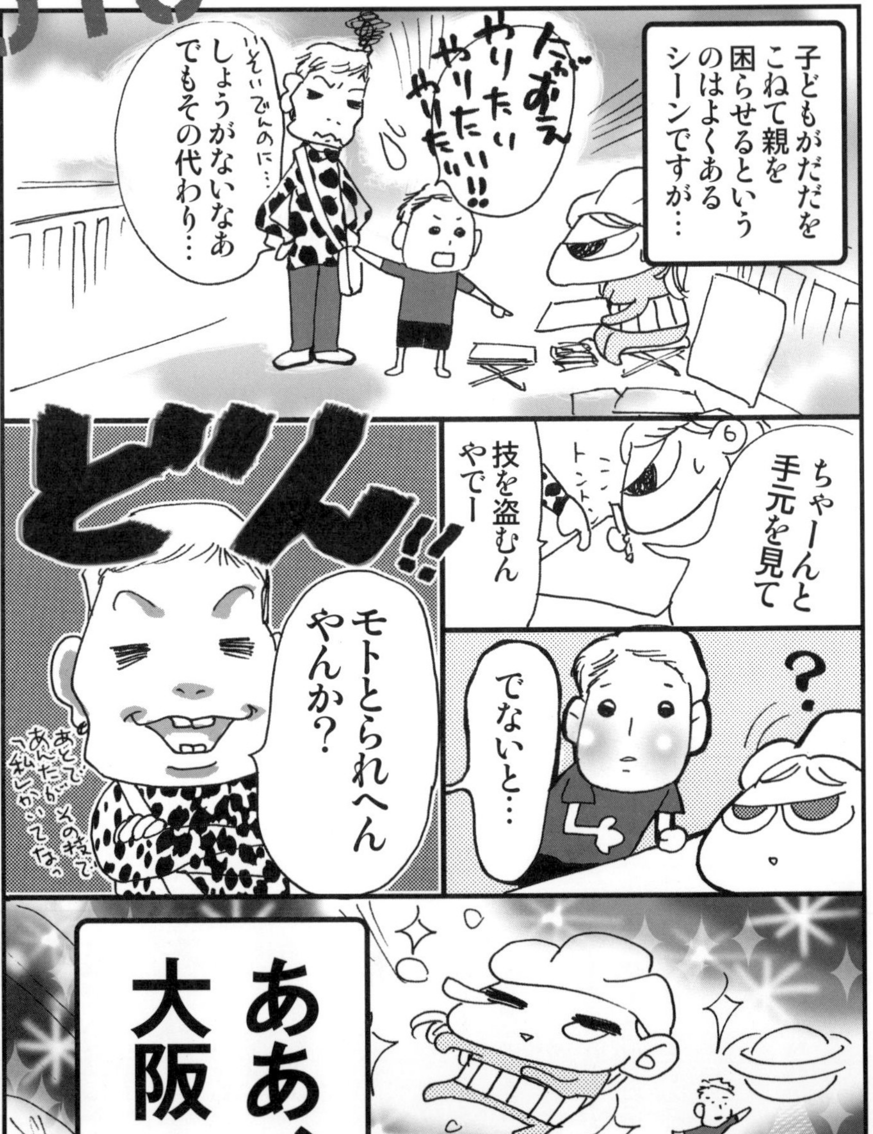
子どもがだだをこねて親を困らせるというのはよくあるシーンですが…
やりたいやりたいやりたい!!
いそいでんのに…
しょうがないなぁでもその代わり…
ちゃーんと手元を見て
技を盗むんやでー
トントン
でないと…
?
どん!!
モトとられへんやんか?
あとであんたがその技で〜私〜かいてなっ
ああ、大阪

わざを盗め！

「このお姉ちゃんの手をじぃ〜っと見ときや！」

にがおえ師をダシに使って、自分の子どもに絵の技術を仕込もうとする大阪のオカンは多い。

子どもに絵を習わせようとするとお金がかかるし、かといって目の前でだれかが絵を描いているところなんてめったにないので、サトウの似顔絵は絵の教材としてはけっこういいらしいのだ。

サトウもにがおえ師人口が増えてくれればそれに越したことはないので、思う存分技を公開し、必要であればワンポイント・アドバイスなども言ったりする。

そこで、子どもがある程度要領をわかったら、

「これでうちの子に似顔絵で食べさしてもらおう♪」

と言いはじめる人が出てくるから、大阪ってほんまに商いの土地柄やねえと感心する。**似顔絵代にかけたお金の分は、「絶対に元とるでえ！」という気合い満々なのである。**これが加熱してくると、

「それはどこで買えば手に入るのですか？」

と画材に関する質問になってくる。私がよく使うパステルはチョークとよく似てて、お子さんにも使いやすい。似顔絵に使うだけでなく、自由な発想で使えることからもオススメの画材。

「どこの画材屋でも簡単に手に入りますよ」と、にっこりのサトウ。

はてさて、みんなにがおえ師になってくれるのかなー。とたまに思い出したりしていると、そのときのおばちゃんに偶然道で出会った。お子さんの腕前がその後どうなったか聞いてみると、

「一度見ただけやったらあかんねえ…」

と真剣にがっかりした様子。

ま、そんなもんだよね〜。

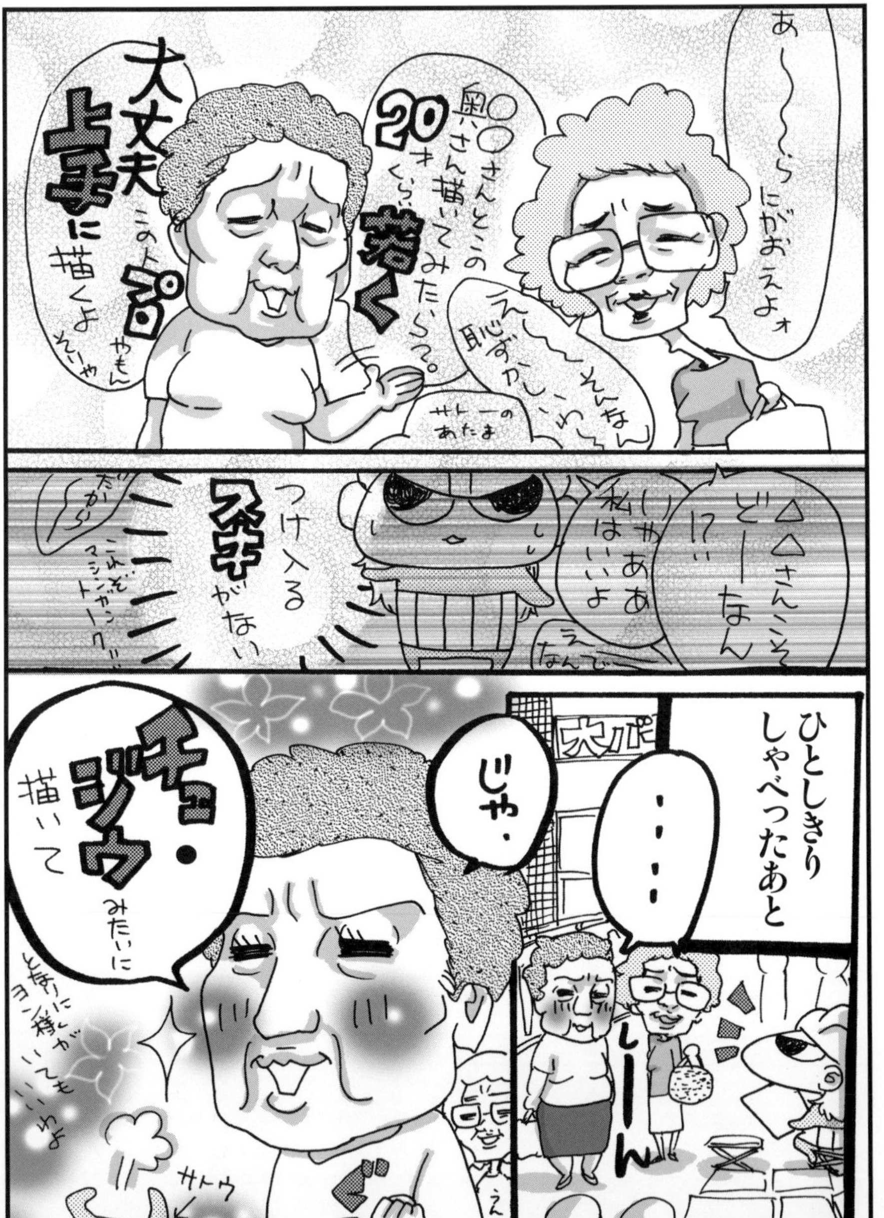
あ〜〜〜らにがおえよォ
奥○○さんとこの20才くらい若く描いてみたらって。
え〜〜そんなん恥ずかしいわ
サトーのあたま
大丈夫この人プロやもん上手に描くよそりゃ
△△さんこそど〜なん!?
いやああ私はいいよ
えなんで
つけ入る隙がない
これぞマシンガントーク
ひとしきりしゃべったあと
・・・・
しーん
じゃ、
チェ・ジウみたいに描いて
となりにヨン様がいてもいいわよ
サトウ
うんうん
グッ

011

チェ・ジウみたいに描いて！

ちょっとネタは古いが、大阪のおばちゃん、好きです。そして、夢みてます。ペ・ヨンジュン。チェ・ジウになれる日を。その興奮ぶりは、たまにおばちゃんでさえも乙女に見間違えるほどですから。

「ペ・ヨンジュン」という言葉を発しただけで顔がぽっと赤くなるのです。なんてったって「ペ・ヨンジュン」という言葉を発しただけで顔がぽっと赤くなるのです。これは相当なものだとお見受けします。

「ある意味、こんだけ夢中になれるものがあるなんてうらましい！」と恋愛力の少ないサトウは感心。

彼女たちのほとばしるマシンガントークで「負ける」と何度思ったことでしょう。**以前から大阪のおばちゃんはけっこうな「暴走系」でありました。**

でしゃべってもらうのには、サトウが聞き役に徹すればよいだけなのですが、それが複数になると、一人のおばちゃんのシャベリにかぶせるようにしてもう一人二人のおばちゃんがしゃべりだすときがあって「**わしは聖徳太子か！」と見えないちゃぶ台をひっくりかえしたりしました。**相手が一人だけ

おばちゃんは、外見が「鳥ガラ系」と「肉厚系」に大別することができるのですが、どちらかというと「肉厚系」のおばちゃんがはずかしながらも、

「○○みたいに描いて！」

ということが多い気がします。もちろんほとんどの場合が彼女たちの「ネタ」でいうわけなのですが、冬のソナタの場合、少しばかりの恋心も手伝っている気がしてなりません。ちょっとかわいいとすら思ってしまう。

つまりサトウはそんな大阪のおばちゃんがけっこう大好き。

だからといって本当にチェ・ジウみたいに描くのとは別ですが！

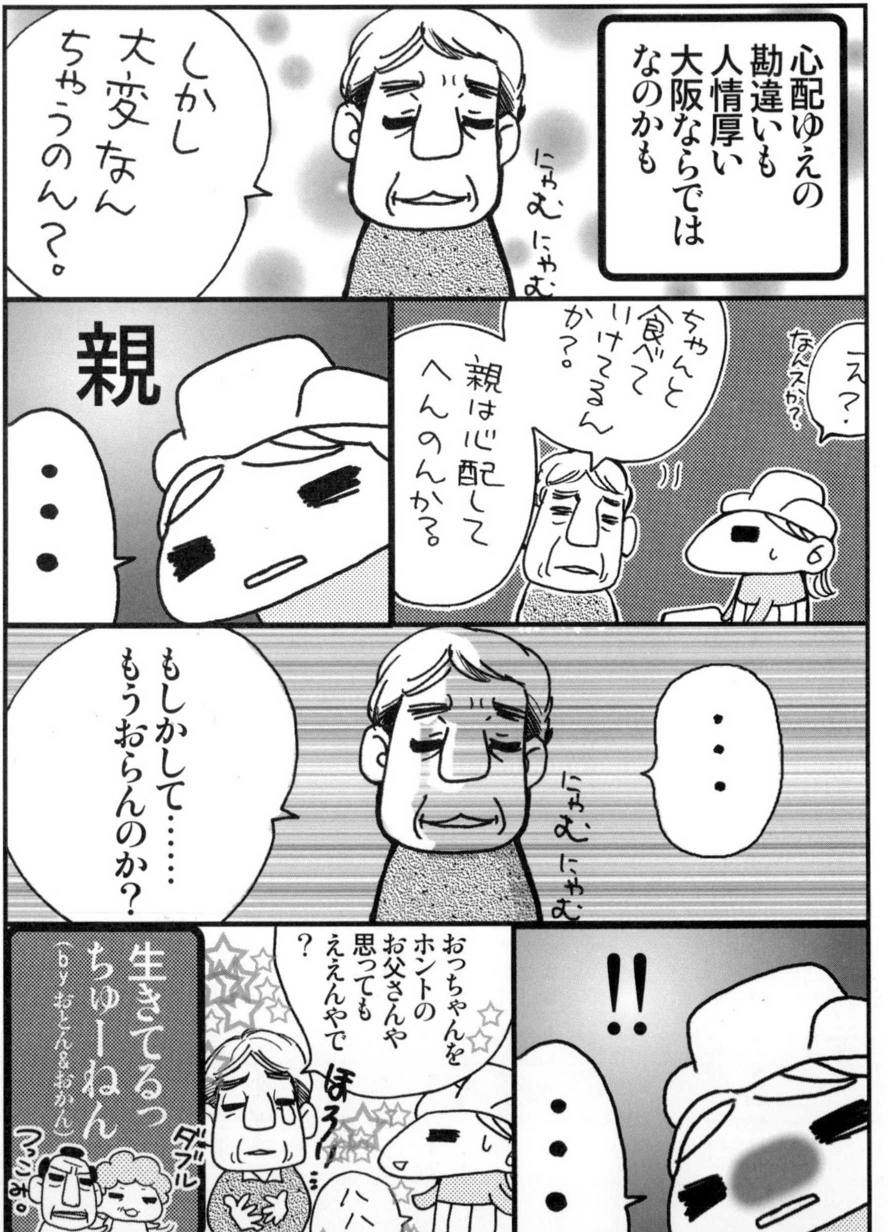
心配ゆえの勘違いも人情厚い大阪ならではなのかも
にゃむにゃむ
しかし大変なんちゃうのん?。
えっ?
なんスか?
ちゃんと食べていけてるんか?。
親は心配してへんのんか?。
親
・・・
・・・
にゃむにゃむ
もしかして……もうおらんのか?
!!
・・・
おっちゃんをホントのお父さんや思ってもええんやで?
ほろり
生きてるっちゅーねん
(byおとん&おかん)
ダブルつっこみ。

012 勝手に親を殺すな！

「子ども」のにがおえ師と間違われることも多いにがおえ師のサトウです（背が低いからね…）。なので、よく「い、家出か?!」と生つばを飲まれたりする。

「両親はおるんか？」「ちゃんと飯食ってんのか？」「ちゃんと学校行ってんのか？」

……よく……よく聞かれる。遠い目をしていると、

「ええんや…みなまで言うな。どれ、おっちゃんの似顔絵でも描いてもらおーかー」

と、いつのまにか結論がついてたりするから少しおかしい。しかもそう思われたりした方が結果的に似顔絵を描かせてもらいやすい。

そういうふうに勝手に納得して私の悲しい状況（？）に思いをはせる人たち…9割はやっぱりおっちゃん。

「オレんとこの娘もやなぁ、君と一緒くらいやねん…」

そういって、5千円札をひらっと出すおっちゃんもいる。最初はとまどったが、

『普段はできない、娘孝行を私にすることで、彼らもきっと幸せに違いない』

と途中から開き直った。**気分はもう「同情するなら金をくれえ〜〜」である。**

たまにエスカレートする人もいて、**「もう、今日からおっちゃんがあんたのお父さんや！ ホラ、お父さんって呼んでみい！」**などと言われたりする。黙っているだけでこれなのだから、世の中水商売系のお店がつぶれないわけがようくわかった。

そんな悲しい真理を学びながら、サトウは、「いざとなれば、物ごいでもイケル」と妙な自信がついてしまった。これに似顔絵の技術があれば、とりあえず死にはしねえ〜と高をくくったのであった。

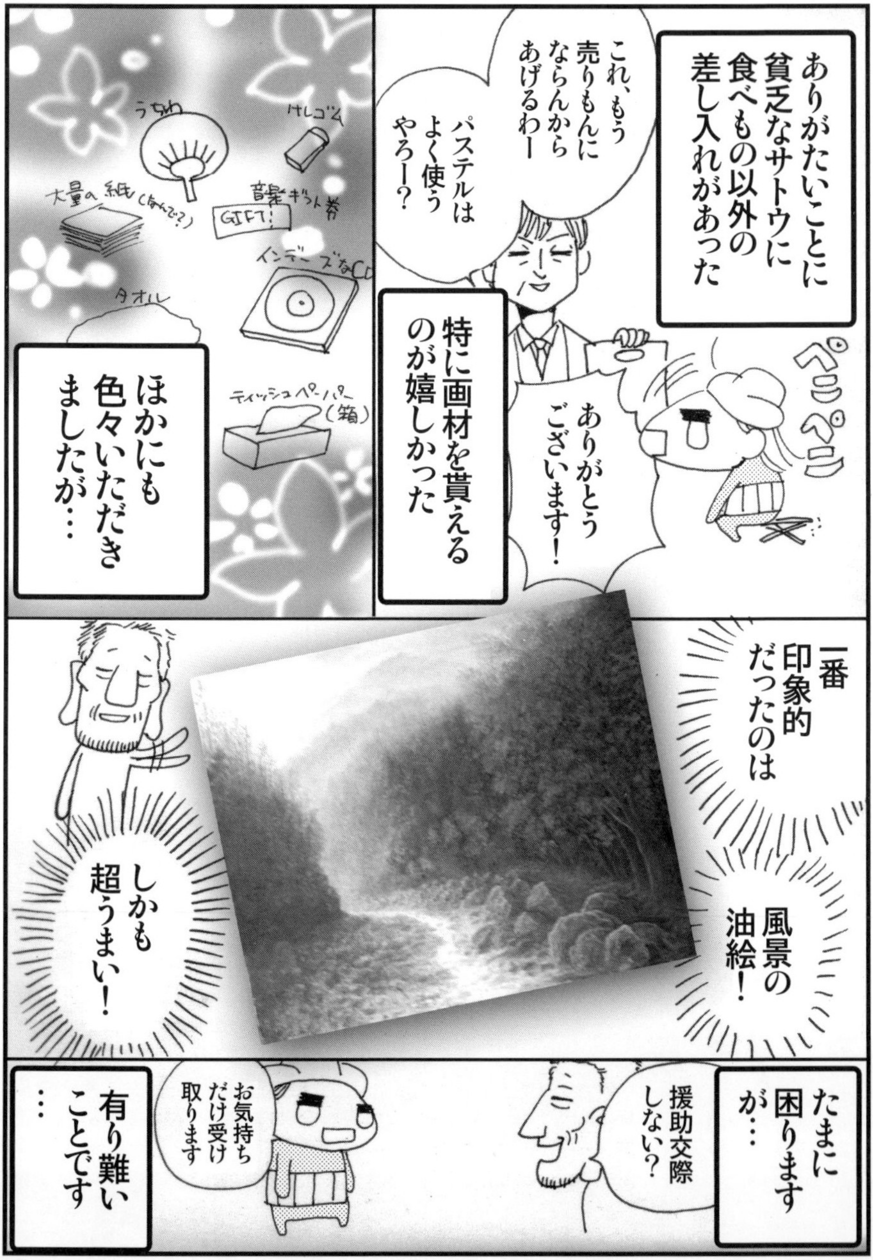
ありがたいことに貧乏なサトウに食べもの以外の差し入れがあった
これ、もう売りもんにならんからあげるわー
パステルはよく使うやろー？
ペこぺこ
ありがとうございます！
特に画材を貰えるのが嬉しかった
うちわ
けしゴム
大量の紙（なんで？）
音楽ギフト券
GIFT!
インディーズなCD
タオル
ティッシュペーパー（箱）
ほかにも色々いただきましたが…
一番印象的だったのは
風景の油絵！
しかも超うまい！
たまに困りますが…
援助交際しない？
お気持ちだけ受け取ります
有り難いことです…

013

愛人にならへんか？

サトウは一度だけだが、援助交際を申し込まれたことがある。
小汚い格好で、しかもスッピンのモンゴル顔のちび黒に、そんな申し出をするとは、
「人を見る目をもっとしっかりさせろ！」と言いたくなった。
しかし、言われないよりかは一度くらいそういった経験があってもいいように思う。
と、思っていたのもつかの間、意外と路上でパフォーマンスする女性はモテるものだということに気がついた。モテるというか、寂しがりやの人たちの相談役に勝手に設定されたりとか、そういうことなのだが。
差し入れとは違った、どちらかといえば「貢ぎもの」っぽいものをもらうようになった。貢ぎものの中で一番印象的だったのは、油絵でていねいに描かれた風景画である。
これは、実家に持って帰ったら、なぜかオカンがそれをとても気に入り、今は仏壇の間に大切に飾られている。
それを描いて私にプレゼントしてくれた人というのが、前述の「援助交際」の人だったわけだが、**歳は70をゆうに超えていて、「交際」というよりは「介護」といった感じだった。**
他にもちょっと勘違いした人が、立派な印鑑職人さんに作らせた落款（立派なハンコ）をプレゼントしてくれたこともあるが、
「一応、ボクの給料の3分の1くらいの値段なんだ！」
などと言われてかなりイヤな汗をかいた。一体どんなリアクションを返せばよかったんでしょうか…。
しかも、バッグや貴金属でないあたりがサトウらしいというか、なんともトホホな感じである。

014

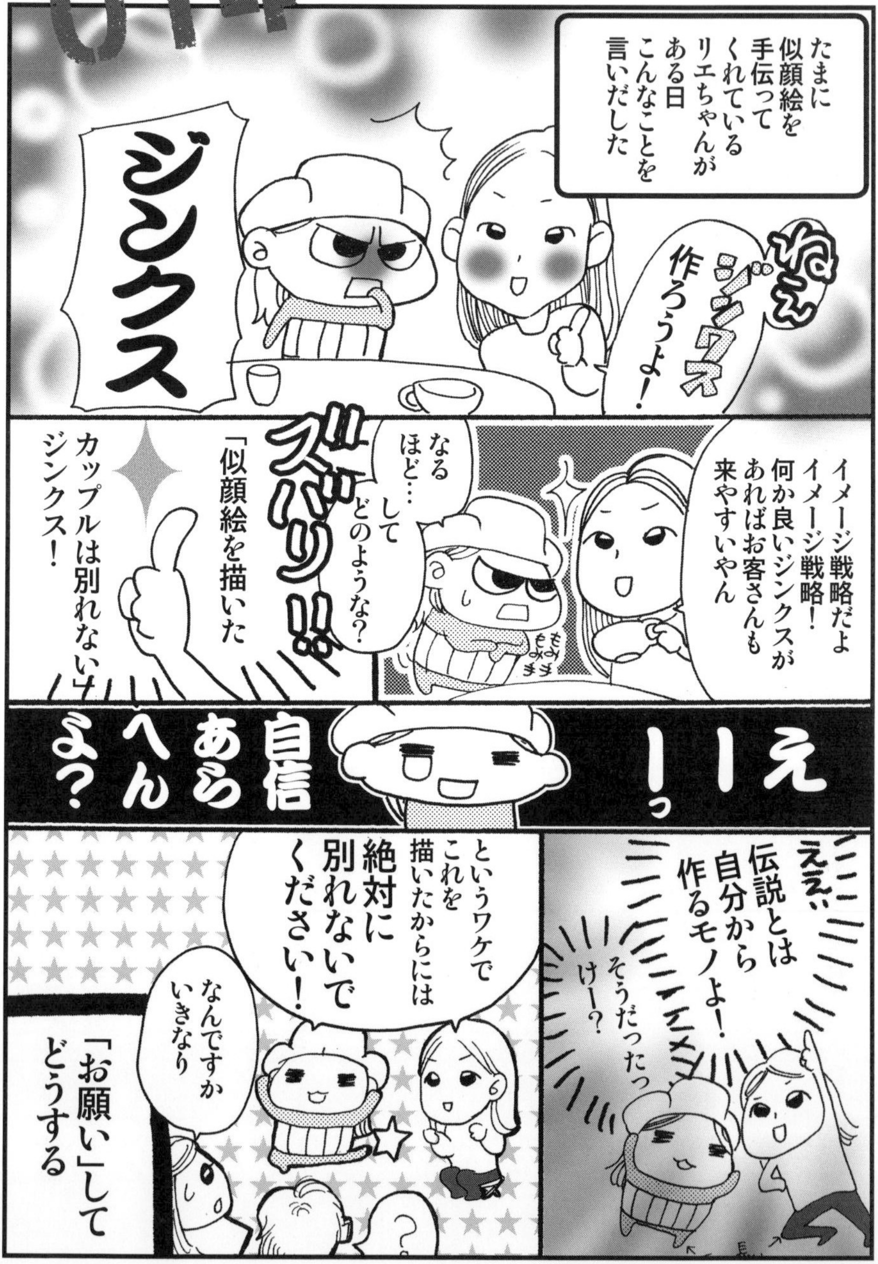
たまに似顔絵を手伝ってくれているリエちゃんがある日こんなことを言いだした
ねぇジンクス作ろうよ！
ジンクス
イメージ戦略だよイメージ戦略！何か良いジンクスがあればお客さんも来やすいやん
もみもみ手
なるほど…
してどのような？
ズバリ!!
「似顔絵を描いたカップルは別れない」ジンクス！
えーーっ！
自信あらへんよ？
ええー
伝説とは自分から作るモノよ！
そうだったっけー？
というワケでこれを描いたからには絶対に別れないでください！
なんですかいきなり
「お願い」してどうする

ジンクスを作ろう！

よくデートスポットで、「**ここでボートをこいだカップルは半年以内に別れる！**」という感じのジンクスを耳にしますよね。

某有名観光地でも、「あそこを訪れると破局するっていう伝説あるけど、裏を取っていないから本当かどうかわからん」というようなマユツバな話がある。

そしてそこにはお参りすると知恵がつくといわれるお寺もあるのだが、その敷地内で商売をしている地元の人たちには知恵がついてるのか……ちょっと明言できない。それでもそこのお寺のお守りは受験生などの間で飛ぶように売れているのを聞いて、

「いいのか、それで！」

と叫びたい気持ちでいっぱいになった。そんなこんなで、

「他のとこでも裏をとっていないというのなら、エミちゃんもジンクスを作っちゃえばいいんじゃない？　**似顔絵描いてもらえば絶対別れないっていう**。それでお客さんが増えるかも！」

と大学時代からの心の友・リエちゃんのアドバイスに素直に従ったサトウ（この年になっても「ちゃん」づけされている事実にはみんな、目を伏せておくれ）。

問題はどうやってジンクスを意図的に広めるかだ。

「一人一人…お願いしていくしかないんじゃない？」

途方もない気もしたが、カップルを描いたときは、

「**絶対に別れるんじゃネエーゼ**」**とすごむようになったサトウ**。しかし、やっぱり裏はとれていない。

「この前私が紹介した同級生のカップルは今でも続いてるよ」

とリエちゃんからの追跡調査が3ヶ月ぐらいごとに報告されるだけなのであった。

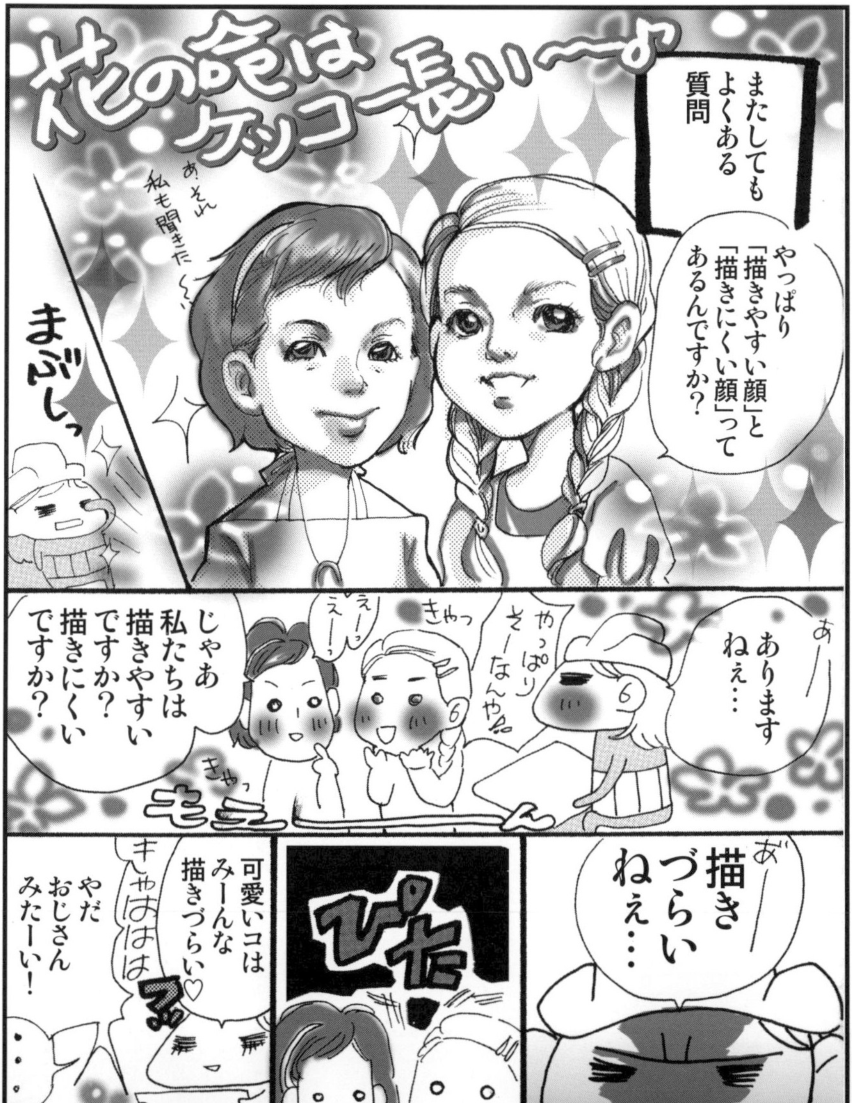
花の命はケッコー長い〜〜よ
またしても
よくある
質問
やっぱり
「描きやすい顔」と
「描きにくい顔」って
あるんですか？
あ、それ
私も聞きた〜い
まぶしっ
あ〜
ありますねえ…
やっぱりそーなんや!!
きゃっ
え〜っ
じゃあ
私たちは
描きやすい
ですか？
描きにくい
ですか？
きゃっ
モテ〜ん
あ〜
描きづらいねえ…
ぴた
可愛いコは
みーんな
描きづらい♡
きゃははは
ふ
やだ
おじさん
みたーい！
…

015

私の顔は描きやすい？

ぶっちゃけた話をしよう！　似顔絵を描くのに不向きな顔はやっぱりある！　ただ、ある程度数をこなしてきたプロならパターンを熟知しているので、描きにくい顔に当たってもそつなくこなせる。それだけのこと。ただ、そういった技の極意よりも、けっこうたくさんの人が自分の顔について意見を聞きたがっているという事実にへえ～と思った。

念のためにいうとナルシストって感じではないのよ。**『にがおえ師という顔ばかり見ている人に自分はどう映るか？』**　というところに興味がそそられている感じ。

でもにがおえ師だからといって特別性能の良い目を持っているわけではないので、突然、そんな質問を受けると、

「ええ？　ここで何かにがおえ師的な顔の批評とかすべきか?!」

と、たまに汗をかく。

自分の顔を客観的に見るってけっこう難しいのだな。当たり前の話だけど、この手の質問が本当にたくさんなので改めて実感した。サトウもサトウの顔がよくわからないときがある。ほお骨が出てるのは重々承知だが、「まあまあ普通なんじゃないの」の『普通』の基準もわからないのに、そうつぶやく。

そんなアジアンな私の顔を、この前メリケンな友達にがおえ師が、

「**描きにくいぜ、こんちくしょー！**」

と絶叫しながら描いてくれた。日本の中だけで見たら、このほお骨とか描きやすい部類かもしれないけど、世界的に見ればアジア人の顔は描きづらいらしい。なんかショックだ。

これからは「描きづらい顔などない！」という方向で似顔絵道を行こうと思う。

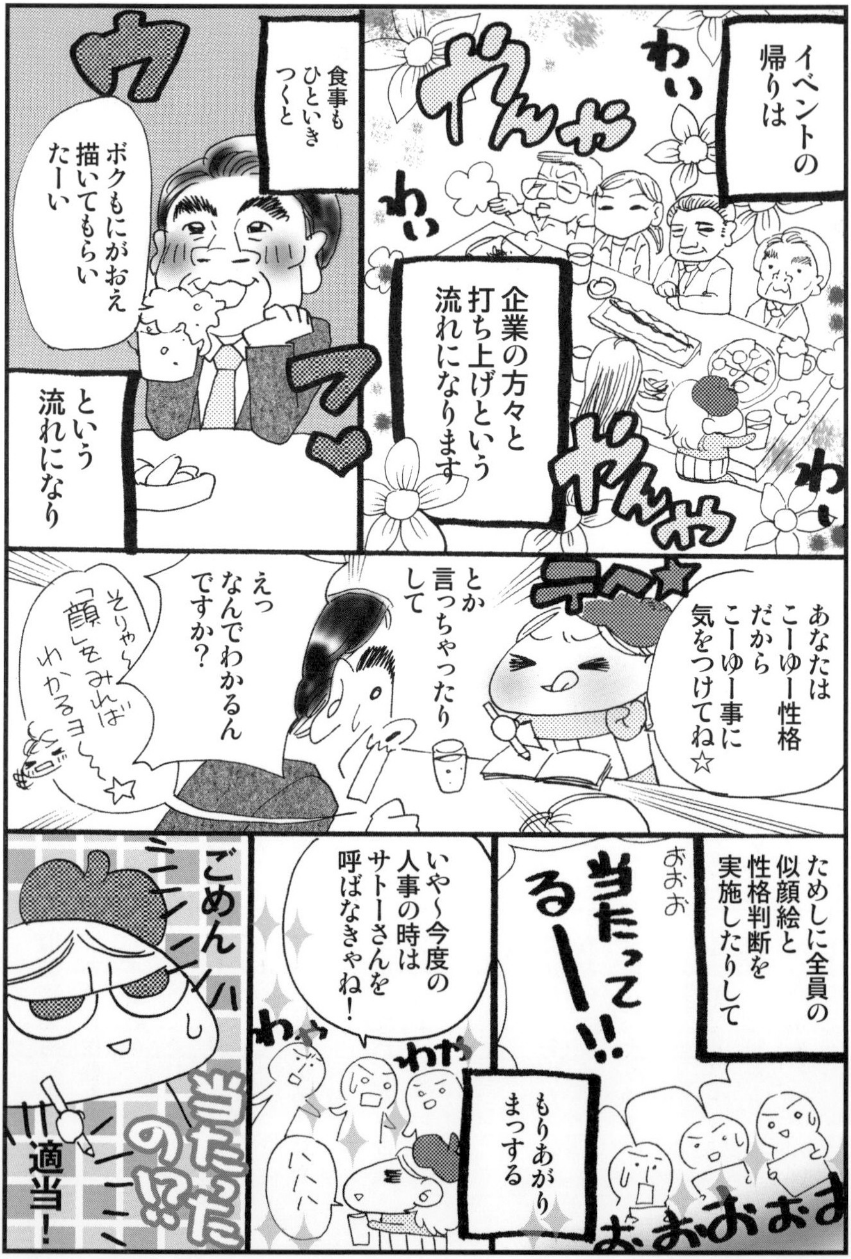

イベントの帰りは
わい
がんがん
わい
企業の方々と打ち上げという流れになります
がんがん
わい
食事もひといきつくと
ボクもにがおえ描いてもらいたーい
ウ
て
という流れになり
あなたはこーゆー性格だからこーゆー事に気をつけてね☆
テへ☆
とか言っちゃったりして
えっなんでわかるんですか？
そりゃ「顔」をみればわかるヨ〜☆
ためしに全員の似顔絵と性格判断を実施したりして
おおお
当たってるー!!
もりあがりまっする
おおおおぉ
いや〜今度の人事の時はサトーさんを呼ばなきゃね！
わや
わや
ごめん
適当！
当たったの!?

016 人の性格もわかってしまう!?

「いろんな人と出会っているから、**『この顔の人はこういう性格!』**っていうのがあるんじゃない?」

とよく聞かれます。…それって半分本当で、半分ウソかな。

サトウはときたま、人の性格判断とか過去にあった出来事とかを適当に言ったりして、当たったりすることがあるのだけれども、顔だけで判断しているわけではないし、調子のよい性格なので半分くらいはカンなのである。

似顔絵を仕事にしていると、どうしても人のふとした行動を目で追ってしまう。それはどんなささいなことでも目が拾ってしまう職業病のようなものだけども、それらを総合して、「この人はこういう考え方をする人間なのか」と判断する場合があるんですよ。

そのときはある程度の確信めいたものがあるので、細○数○ばりに目ヂカラを込めて、

「あんたの性格がこうだから不幸なのよー!!」

などと言ったりする、ただそれだけなのだ!

そして、こういうことは人間観察が得意な人なら、職種を問わず行なえる芸当じゃあなかろうか。ものまねをする人とかでもできそうな予感がします。

なので、素直に私の性格判断を聞いて「なぜわかったのですか!?」と聞かれると罪悪感(ざいあくかん)がチクリ。

「次の人事にはサトウさんを呼ばねば!」とまで言っていただいて、さらに恐縮(きょうしゅく)。

でも、人事の季節になるとなぜか似顔絵を描き、その出来によって昇進や左遷(させん)を決定する**「人事部御用達(ごようたし)・似顔絵師っ」**。**ちょっと面白そうだなあ。**

Column 01

似顔絵の迷いが少なくなるヒント集

よもや、この本を似顔絵の技法書だと思って買った人はいるまいな。

……………いたらすみません………。

いないとは思うけど（いたら本当にすみません）、とりあえずサトウの経験で培（つちか）ってきた方法論の一部を紹介したいと思います。

実際に対面式の似顔絵をやってみた人ならわかるかと思いますが、似顔絵を10分足らずで描くというのは迷っているヒマなどないわけです。

同時に、迷いの連続でもあるのです。

厳しい言い方をすると、迷いもなくただ単なる流れ作業で描いているにがおえ師さんはう○こです。プリクラの機械以下です。

常に迷いながら、一番よい方法論を1秒くらいで煮詰めてですね、10分くらいで喋（しゃべ）りながら似顔絵を描かねばならんのです！

はははは。そんなん不可能や！

不可能ですが、それに挑戦し続けるのがにがおえ師のあるべき姿です。

しかし、最大公約数にあたる、「こういう人なら、こう描く！」という絶対的ルールはある！

そのルールの組み合わせ方を工夫しつつ、迷っている時間をできるだけ短くしながら最大限良い似顔絵を描く！

左の図は、本当に始めたての方に送るヒントです。

基本的なカタチの取り方は、デッサンの教科書や似顔絵の技法書に載っているのでそれを参考にしていただくとして、その人がもらってうれしい似顔絵になるように、自分の魂の一部を込めるような気持ちで描いてみてください。

描かれる人間も、描く人間も、世界に一人しかいないということを肝に銘じながら。

サトエミ式タメにならないヒント集

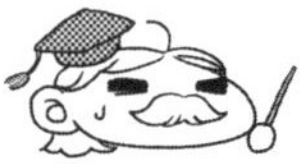

その① 顔のポジショニングを確認しよう！

絵になれていなくても、顔の配置さえきちんと把握していれば似せて描くことは簡単です。細かいところは気にせず大胆に描くと案外うまく描けます。

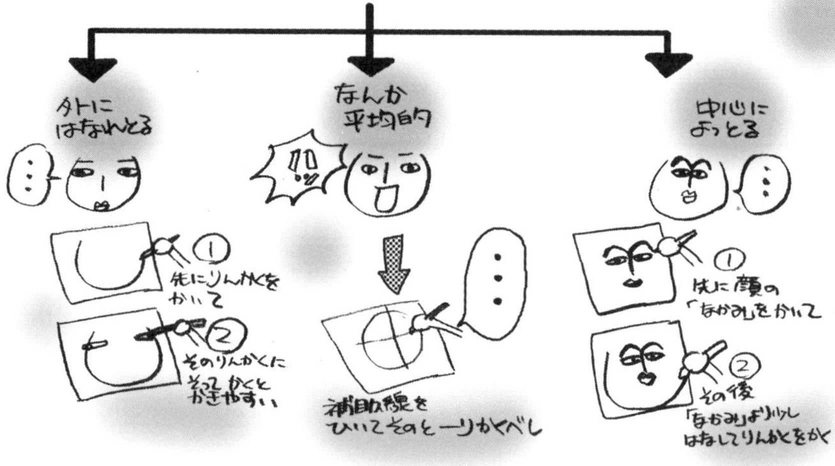

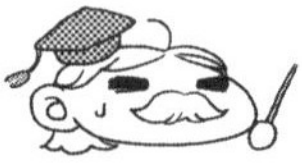

その② 特徴の有無を確認しよう！

特徴を強調させるのが似顔絵の醍醐味ですが、「絶対」でもありません。どこを強調してどこを強調させないかがセンスの光りどころです。雰囲気を大切に！

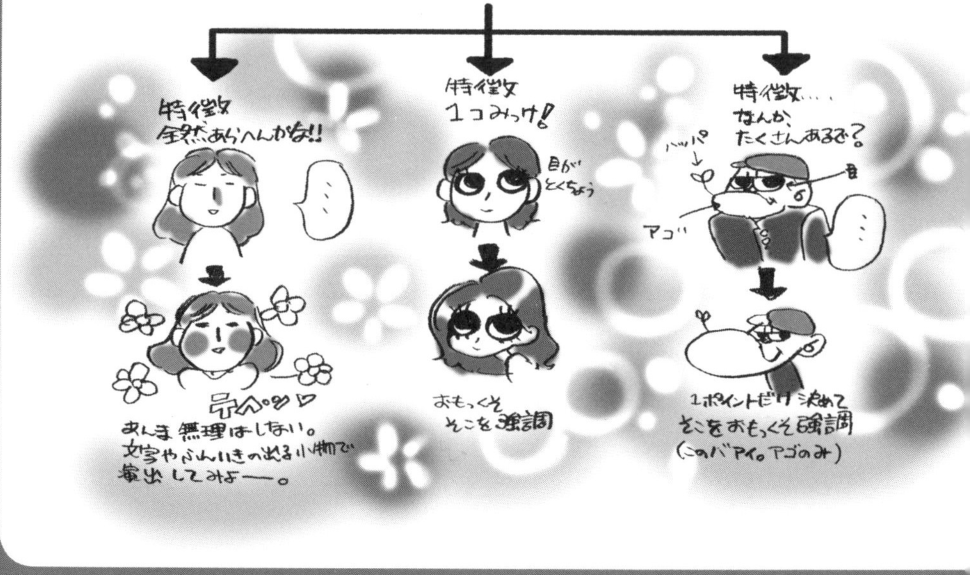

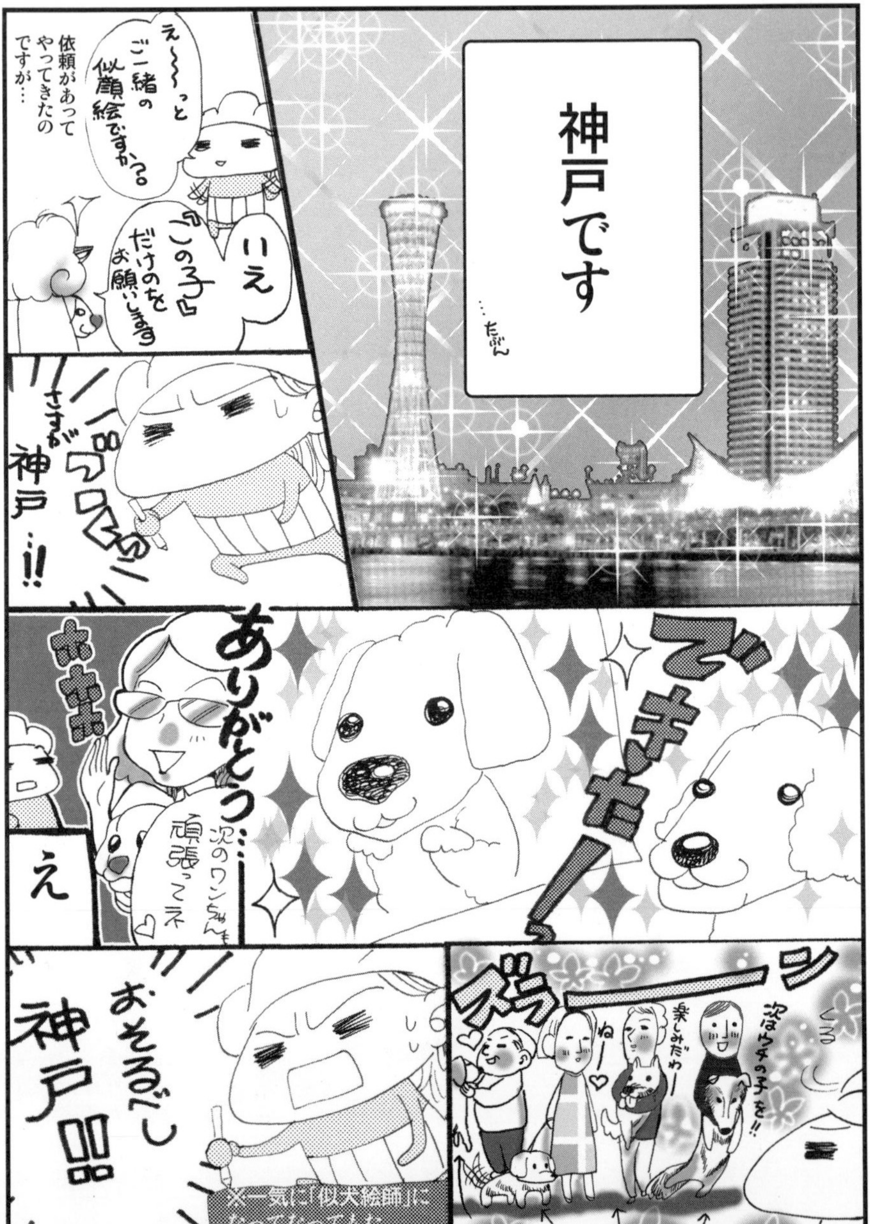
神戸です
…たぶん
依頼があってやってきたのですが…
え～～っとご一緒の似顔絵ですかっ?
いいえ『この子』だけのをお願いします
さすが神戸…!!
ブロ～ッ
ありがとう…次のワンちゃんも頑張ってネ♡
ホホホ
え
できた!
おそるべし神戸!!
※一気に「似犬絵師」になってなってもた
ズラ～～シ
楽しみだわ―
ねー♡
次はウチの子を!!
くるっ
犬
犬
犬
犬

017

ドッグな似顔絵

似顔絵の「顔」とは人間だけを指していう言葉ではない。

人間以外の「顔」のお客様と言えばワンちゃんが1位である（ネットを介した似顔絵だとネコちゃんの割合も増えます）。

犬もネコもその他の動物も、アメンボだってカエルだってみんなみんな生きているんだ友達なんだ。極端な話をすると、空だって雲だって、今は亡き冥王星にだって顔はあると思う。顔というか表情というか。とにかく「顔」は人間だけのための言葉じゃない。

意外と人間以外の似顔絵を頼む人は多いんですよ。ペットを一度でも飼ったことがある人ならその気持ちはよくわかると思うんだけど。どれだけ顔中毛むくじゃらだったとしても、それはかわいいし、ものすごく表情豊かだったりするのだ！

「え？　犬が似顔絵？」とビックリする人もいるかな？

で、関西でペットの似顔絵が特に多かったのが、やっぱり神戸…。

たくさんたくさんワンちゃんだけを描く経験なんて他ではありえませんでした。

しかし、そのワンちゃんと向き合ってみると、なるほどなという気持ちにもなりました。

なんと、きちんと笑うんです。「笑って〜！」っておいらが言うと…。

見事だ！　と思いました。

飼い主さんもワンコによく似て…（って逆か）とっても素敵な笑顔なんです。ワンちゃんがお行儀よくするために、飼い主さんもいい雰囲気作りに励んでいたり…。ここまで徹底した愛を見せつけられては恐れ入ったというほかはありませんでした。

神戸スゴい！　ワンちゃん、スゴい！

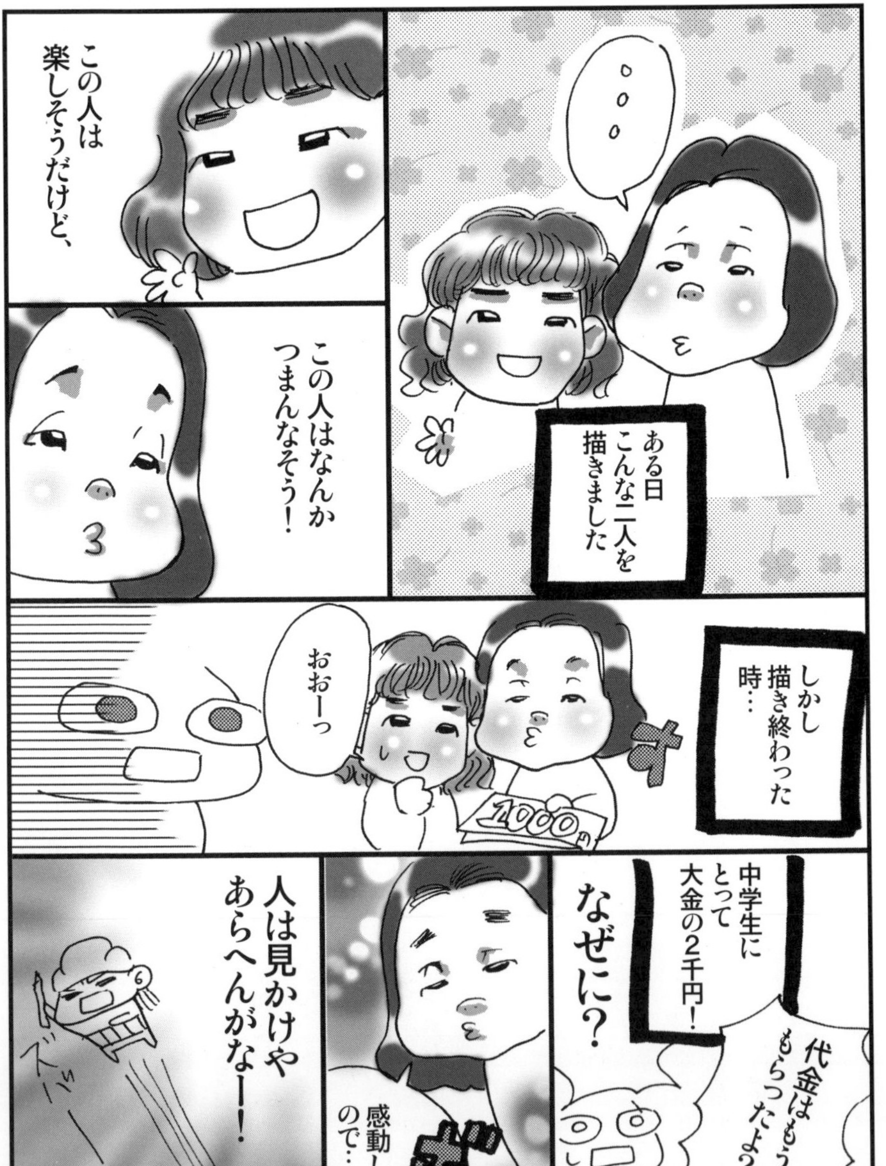
・・・
ある日
こんな二人を
描きました
この人は
楽しそうだけど、
この人はなんか
つまんなそう！
しかし
描き終わった
時…
おおーっ
1000円
中学生に
とって
大金の2千円！
なぜに？
代金はもう
もらったよ？
感動した
ので…
人は見かけや
あらへんがなー！

018

無口な関西人

関西人は全員がおしゃべり好きかと思ってやいませんか。それは誤解です！
意外に関西に住んでいても口べたな人は多い。

そういうサトウさんも普段はかなり無口なのです（本当か）。が、似顔絵のときは「似顔絵描いてるときの会話も思い出のひとつだから」という理由でできるだけお客さんに話しかけてみる。調子が出てくるとだんだんこっちも楽しくなって、恥ずかしいとかそういう気持ちはなくなるから不思議だ。でもたまーに、こちらが何を言っても聞いても「はい」「いいえ」くらいしか反応の返ってこないお客さんがいたりして、かなり困る。というか凹む。そういった相手に対する会話はこちらの元気を吸い取ってしまう。

たとえば、

サトウ「いやー、似顔絵は初めてですか!?（かなりハイテンション）」
その人「………（なぜかかなりの間を置いた上で）……はい」
この「……」のとき、言いようもない気持ちに襲われます。

が、しかし似顔絵を描き終わった後、ふいに代金以外のちょっと多めの金額をくれたりするのもこの手の無口な人たちが多いので、サトウはそんな人たちがキライじゃない。
金で判断かよ！　と言われればそれまでですが、他に表現方法の少ないその人なりの精一杯のありがとうなのだと解釈し、「いやあ、人は外見で判断したらいかんね！」という結論に達したのでした。
あ、いや、金だけで判断してもダメだけどね。
皆さん、無口な関西人を見てもがっかりしないでくださいね。

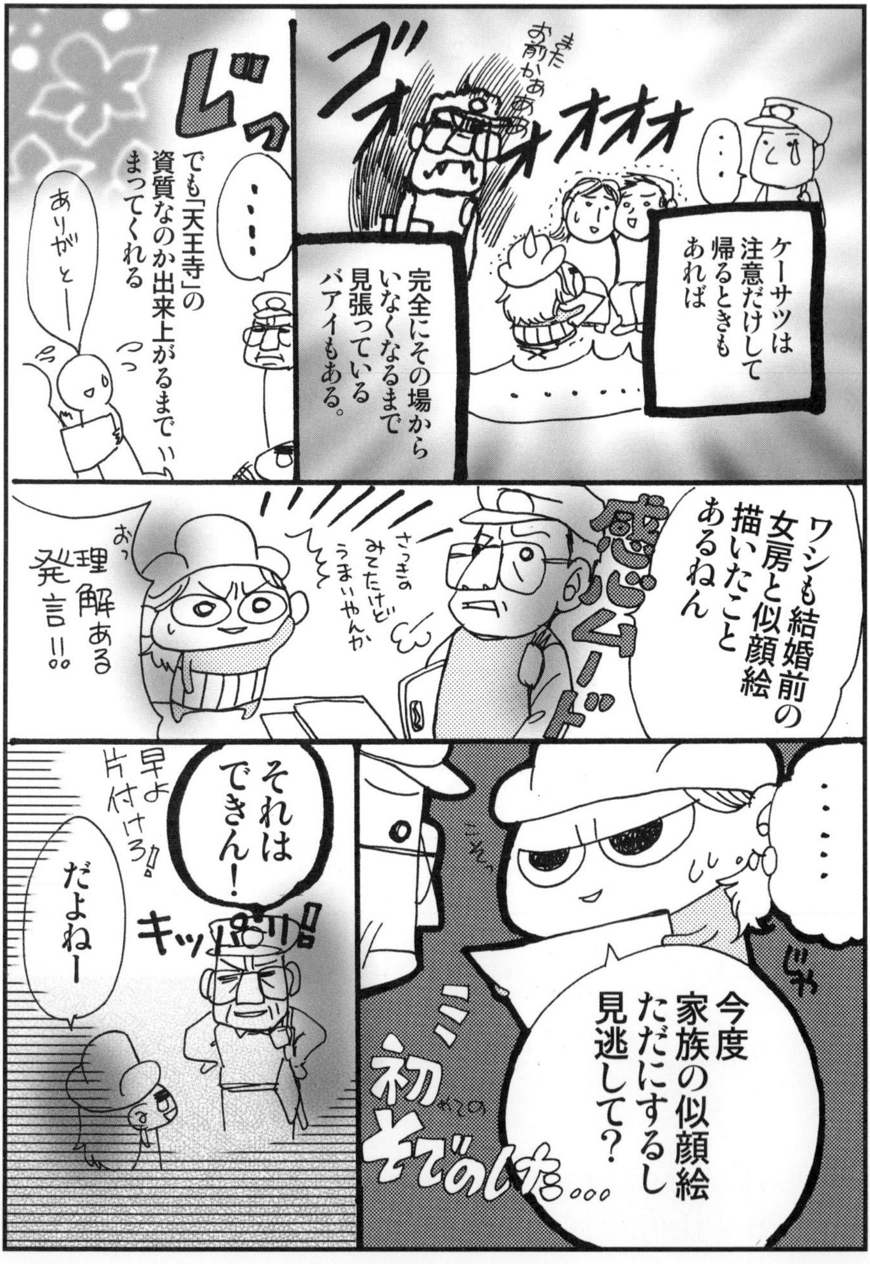
ゴォオオオオ
また お前かぁああ
・・・
ケーサツは注意だけして帰るときもあれば
完全にその場からいなくなるまで見張っているバアイもある。
じっ
・・・・・
でも「天王寺」の資質なのか出来上がるまでいまってくれる
ありがとー
ワシも結婚前の女房と似顔絵描いたことあるねん
感じムード
さっきのみてたけどうまいやんか
おっ 理解ある発言!!
・・・・・
じゃ 今度家族の似顔絵ただにするし見逃して？
ミ 初 そでのした…
それはできん！
キッパリ!!
早よ片付けろ!!
だよねー

優しい警官

警察が優しいかどうかなんて、警察にお世話になってみないとわからない。
世の中公僕（こうぼく）の人の不祥事（ふしょうじ）が相次いでいるけど、そのニュースの陰で日々日本のために頑張っている人も大勢（おおぜい）いる。そういうことを実感しまくりのサトウは想像に反せず警察のお世話になっている。

なぜなら、路上で似顔絵を描くというパフォーマンス自体が、道路交通法違反だからだ。それを承知でパフォーマンスを続けている顔の皮が厚い奴ら（私も含めて）は、立派な「軽犯罪者」であり、警察のお世話になる機会は普通の人の数倍なのだ！

そういえば、『天王寺連絡通路、露店により占拠！』みたいな記事が新聞に載（の）ったことがあったなぁ。そこには私の写真はなかったが、知り合いがバッチリ写っていて、
「新聞デビューおめでとう！」などと言ってお祝いをした……。

怖（こわ）いイメージの警察官が大阪には多いけど、
「はい、ここ、すぐ片付けて！　描き終わるまで待ったるから、早（はよ）う描いてしまい！」
と少しの時間の猶予（ゆうよ）をくれたあたり、「優しい！」と思ったことが何度もある。
「おっちゃんも若い頃、非番の日に描いてもらったことあってん……」
と思い出話とかをサービスしてくれたり、
「あんた、うまいねんからこんなところで描いてんとフランスとかに行けばええんちゃう？」
などとお世辞（せいじ）を言ってくれたりもした。
「っていうか、国外追放ですか？」
ノリ突っ込みも、冴（さ）えわたる。
そんなこんなで警察と聞くと、良いイメージの方が強いサトウなのでした。

019

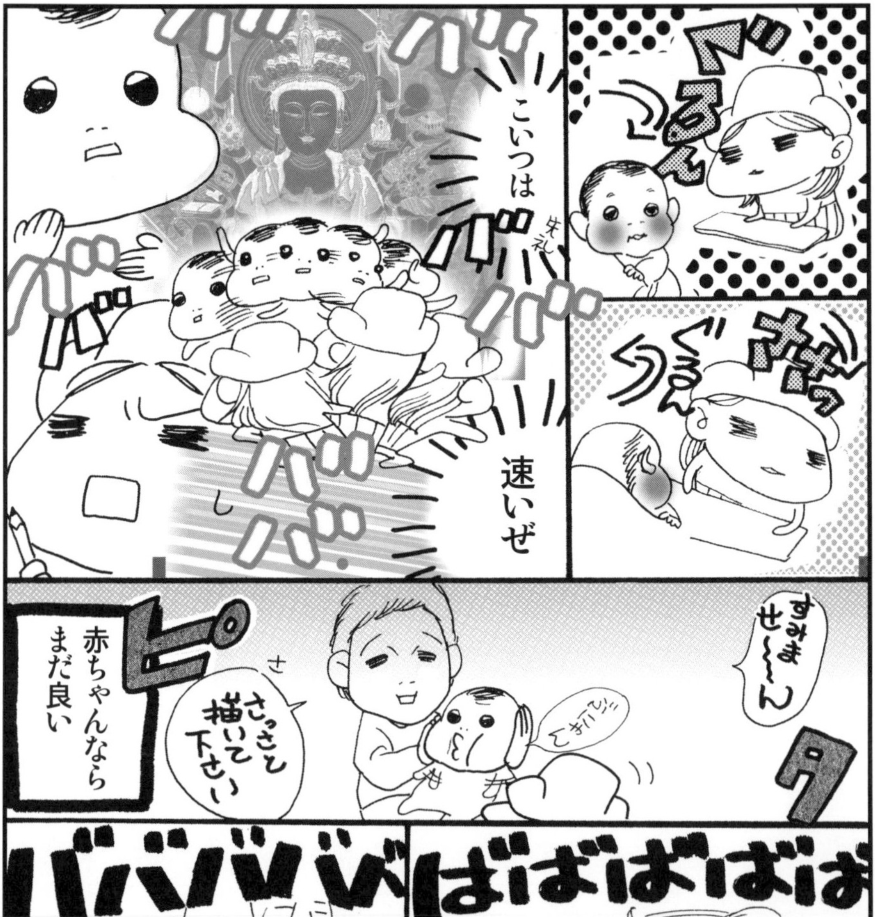
べろん
ぐるん
こいつは
失礼
速いぜ
すみませ〜〜ん
さっさと描いて下せい
赤ちゃんならまだ良い
ばばばばば
子どもも
ぼぼぼぼぼ
バババババ
うちあわせ中
大人も！

020

目が合わせられない人

世の中には「目が合わせられない人」がいます。

深刻な話ではなく、「目が合うと、思わずそらしてしまう」、いわば「照れ屋さん」たち。そんな人が似顔絵描きに来るかぁ!? と思いきや、来るんですよ。

赤ちゃんや幼い子どもは、行動の決定権が親に握られていますから、『人見知りを直す訓練や！』とばかりに、親によってにがおえ師の前に連れて来られるわけです。大泣きして人前に出ることすら拒否する子もいます。

そうでなくとも、たいていの赤ちゃんは知らない人の前ではかなり動いちゃいます。それが極端になってくると、**その姿はまるで水揚げされたばかりの生きのいいハマチのよう**。ぴちぴちと音が聞こえてきそうなくらい元気よく動きます。

似顔絵に限らず、「人の目を見て話す」がモットーのサトウ。

彼らが顔をそらそうとするその瞬間に、私も体を動かして顔を追ってゆくというようなことをするので、二人でぴちぴちです。

いえ、だっこしている親御さんも合わせると3〜4人でぴちぴち。もう大漁。

それがとっても異様な光景だと自然と想像がつくのだけど、描いてるサトウとしては、あまりの動きの速さに途中からランナーズハイならぬ「似顔絵ハイ」になったりもして案外に楽しい。

親御さんも途中から**「何やってんだろう、私たち」的なおまぬけな気分**になって吹き出したり、それが伝染してまわりにいる人たちにも笑いが起こり、場の雰囲気がとってもよくなる。

本人にはとばっちりかもしれないけど、サトウはいつでもウェルカム。

一緒にぴちぴちしようぜ！

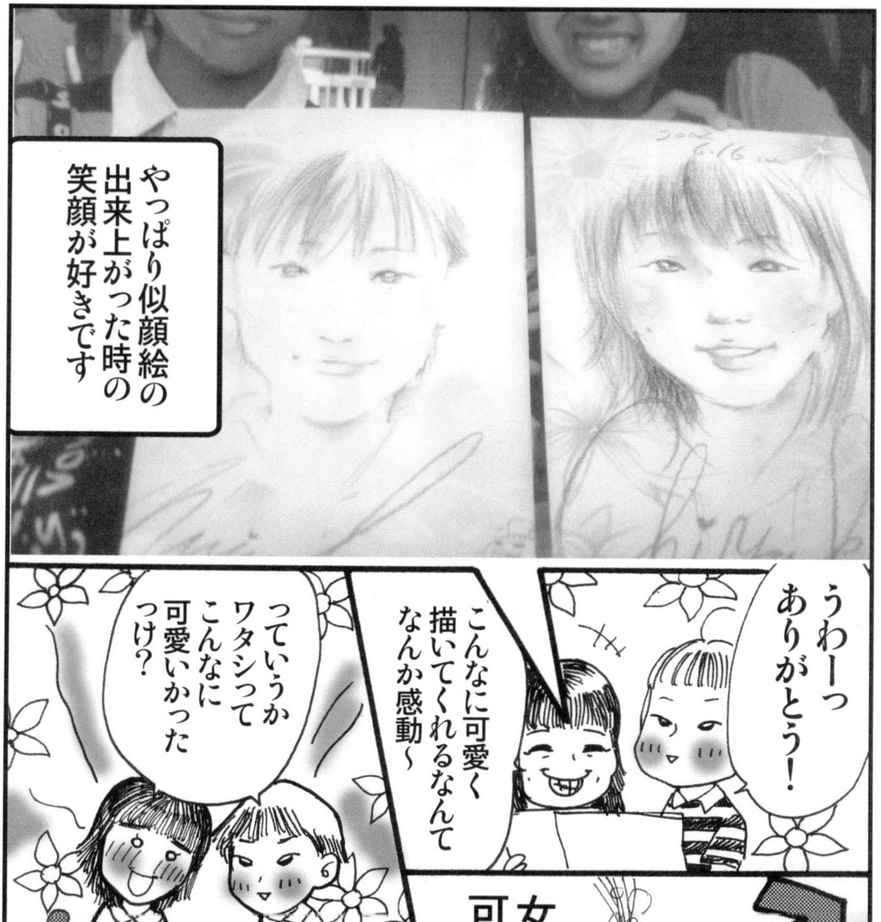
やっぱり似顔絵の出来上がった時の笑顔が好きです
うわーっ ありがとう！
こんなに可愛く描いてくれるなんて なんか感動～
っていうか ワタシって こんなに 可愛いかった っけ？
きゃぴーーん
もえ
女の子は可愛く描く！
カタチ以外の「カワイイ」が そこに あります
ハハハ 見えたとおり 描いたよ？
やっぱり おっさんくさいにゃ

021

女の子は全員カワイイのだ！

女心。それは永遠に解けることのないパズル。人類の半分がこの心を知らないばっかりに悲劇が毎日のように繰り返されている。と、思う。

似顔絵が苦手な女性の中に、

「だって、変に特徴を強調されて、ブサイクに描かれるんだもん」

という人が少なくない。そこのところ、私を含めたにがおえ師全員が考えなければいけない一番難しい課題のように思う。なぜなら彼女たちは、変に美化しすぎてもあんまり納得しない、小生意気な悪魔だからだ。

「**自分の中で一番の可愛いでありたい**。**それでいて似ている似顔絵がベスト**」なのである。これは結構難しいのではないだろうか。そのオトメゴコロというやつを理解するだけでも大変な人は大変だ。

幸いサトウも取りあえずは女性の立場を理解できるので（本当か？）、「キレイでありたい可愛くありたい」という気持ちはビンビンに共感できる。しかし、その人のどの部分がキレイでカワイイのかをたまに見誤ることがあって、何度も枕を涙で濡らした。

でも「可愛くありたい」という気持ち自体が「カワイイ」なので、そう思っている女子は全員がカワイイという結論になる。サトウが見て、女性と認識できる人は必ず「カワイイ」をもっているはずだから、そこを注意深く拾って絵にする！　絶対に「カワイイ」はあると信じて描ききる！　という極意を発見した。

そんなこんなで「カワイイ似顔絵」は今日も増えてゆきます。

オトコゴコロ？　そんなもん知りまへん。

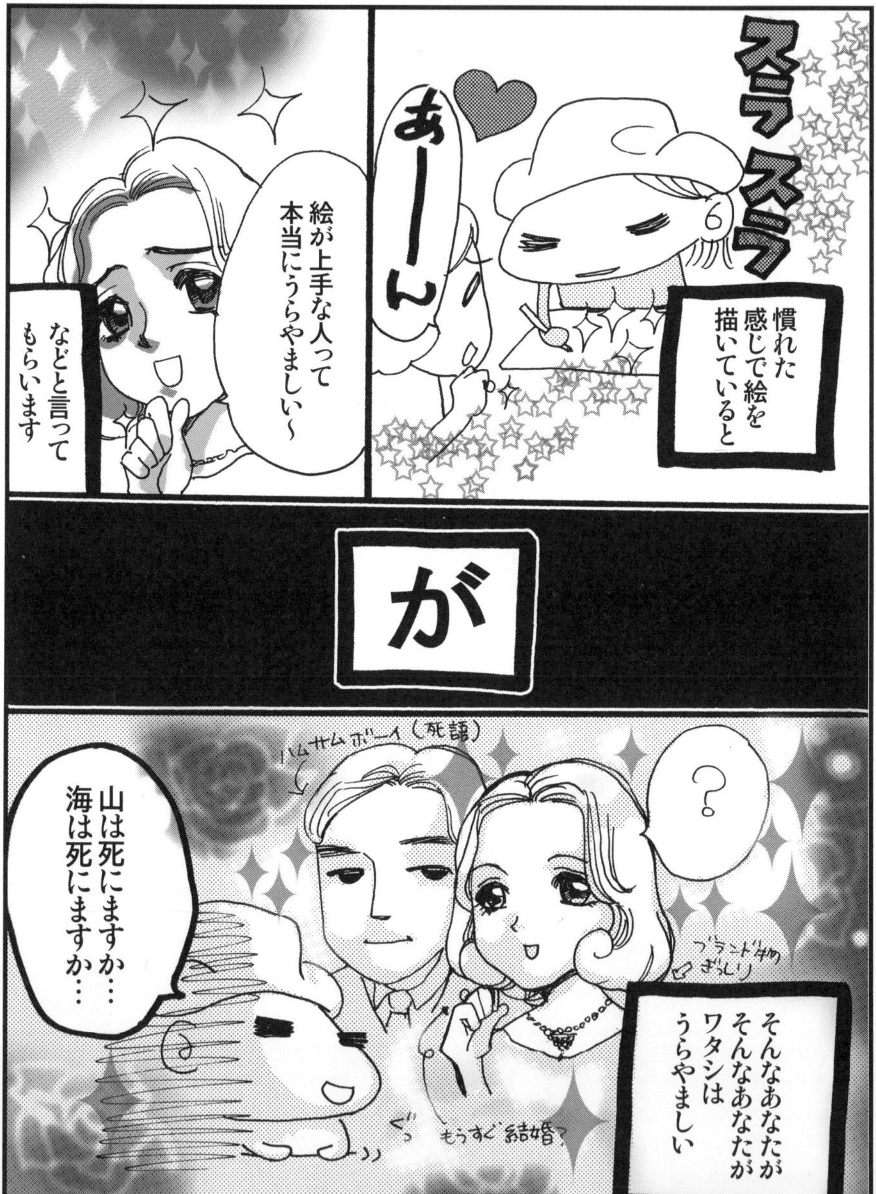
スラスラ
慣れた感じで絵を描いていると
あーん
絵が上手な人って本当にうらやましい～
などと言ってもらいます
が
？
ハムサムボーイ（死語）
ブランド物ぎっしり
そんなあなたがそんなあなたがワタシはうらやましい
山は死にますか…海は死にますか…
ぐっ
もうすぐ結婚？

022

にがおえ師は、うらやましい？

サトウはうらやましがられることが多い。お世辞もあるだろうけど。

その最たるものは、

「好きなことを仕事にできるのが、うらやましい！」「絵が描けるのが、うらやましい！」「人生楽しそうで、うらやましい！」…この3つ。

あんまり友人に言われるので、冗談で、「じゃぁ、サトウの人生とあなたの人生取りかえてみる？」と聞いたら、「それはちょっと遠慮しとく…」と返ってきて、泣きたくなった。

同世代から少し下の年齢の人からはよく、「やりたいことがハッキリしてるサトウさんが、うらやましい」と**『方向が定まっている』ことに関してうらやましがられる。**

うらやましがられるというのはなんだか自分がとってもスゴい人になったようで気分がいい。でも、たまに、「なんでそんなことが、うらやましいんだろう」と首を傾げることもある。

たとえば絵を描くのはだれにでもできる。画家になって個展を開くのは無理でも、ハガキに風景を描いてポストに投函するくらいはできるだろう。

人生を楽しくするのなんてもっと簡単だ！　楽しんだらいいだけだ。でも、それがなかなか難しいのかもしれない。こういうとき、なんと言えばいいのかわからず、「君もにがおえ師になればいいんだよー」とススメてみるが、返事はやっぱり、「それは…ちょっと遠慮しとく…別ににがおえ師になりたいわけじゃないし」なのであった。

もしかすると、それらの言葉は能天気なサトウに対する遠回りなイヤミだったかもしれん。気づかなくて申しわけない。はははは。

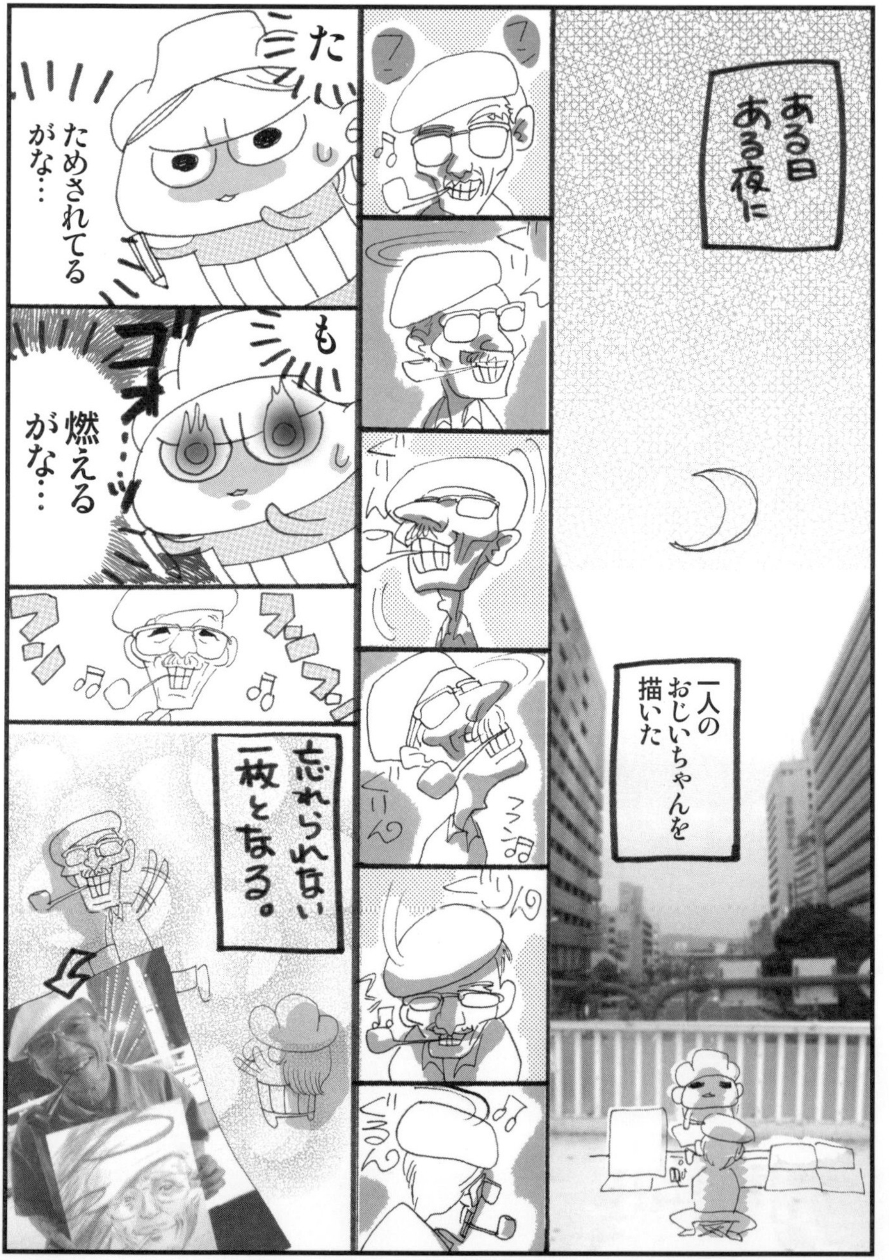
ある日
ある夜に
一人の
おじいちゃんを
描いた
フン
フン
た
ためされてる
がな…
ゴオ…
も
燃える
がな…
フン
フン
フン
忘れられない
一枚となる。

023

ポニーさんに試される

道ばたで絵を描いていると、くせのある人たちから、**本当に絵がうまいのかテストされるようなことが頻繁にある。**

描くときに意図的にキョロキョロされたり、うまく描けるもんなら描いてみろと胸を張られたりするのだけど、「おー、ほんまにうまいなー」と最後に言われると最高に気分がいい。

似顔絵を描きはじめて、似顔絵に求められるもの、にがおえ師に求められるもの、なんとなくわかってきた。特にこういった路上でパフォーマンスを行なうときは、似顔絵のクオリティーもさることながら、にがおえ師としての人間性やユーモアを見られる率も高い。**どの世界でも結局は同じだと思うが、最後は心が試される。**

その夜はとても月あかりがきれいで、手もとがはっきりとわかって描きやすい夜だった。そこへ一人の初老の男性がパイプをふかしながらやってきた。

そのうえベレー帽といい、「この人も絵を描いてるのかも?」と思った。

そして、首グルグル攻撃がスタート。これは「目の合わせられない人」の起こすアクションとはまた違うな……と直感的に思った。

ベレーおじさん、後にミドルネームが「ポニー」という生粋の日本人であることがわかったが、そのポニーさんの目論見は大きくはずれた、なにせ、ポニーさんの顔はとっても味のある、一目見ただけで覚えてしまうくらい個性的なものだったから見なくても描けたのだ。

ポニーさん、その節はよいお顔を描かせてくれてありがとうございました。またあなたが描きたいです。

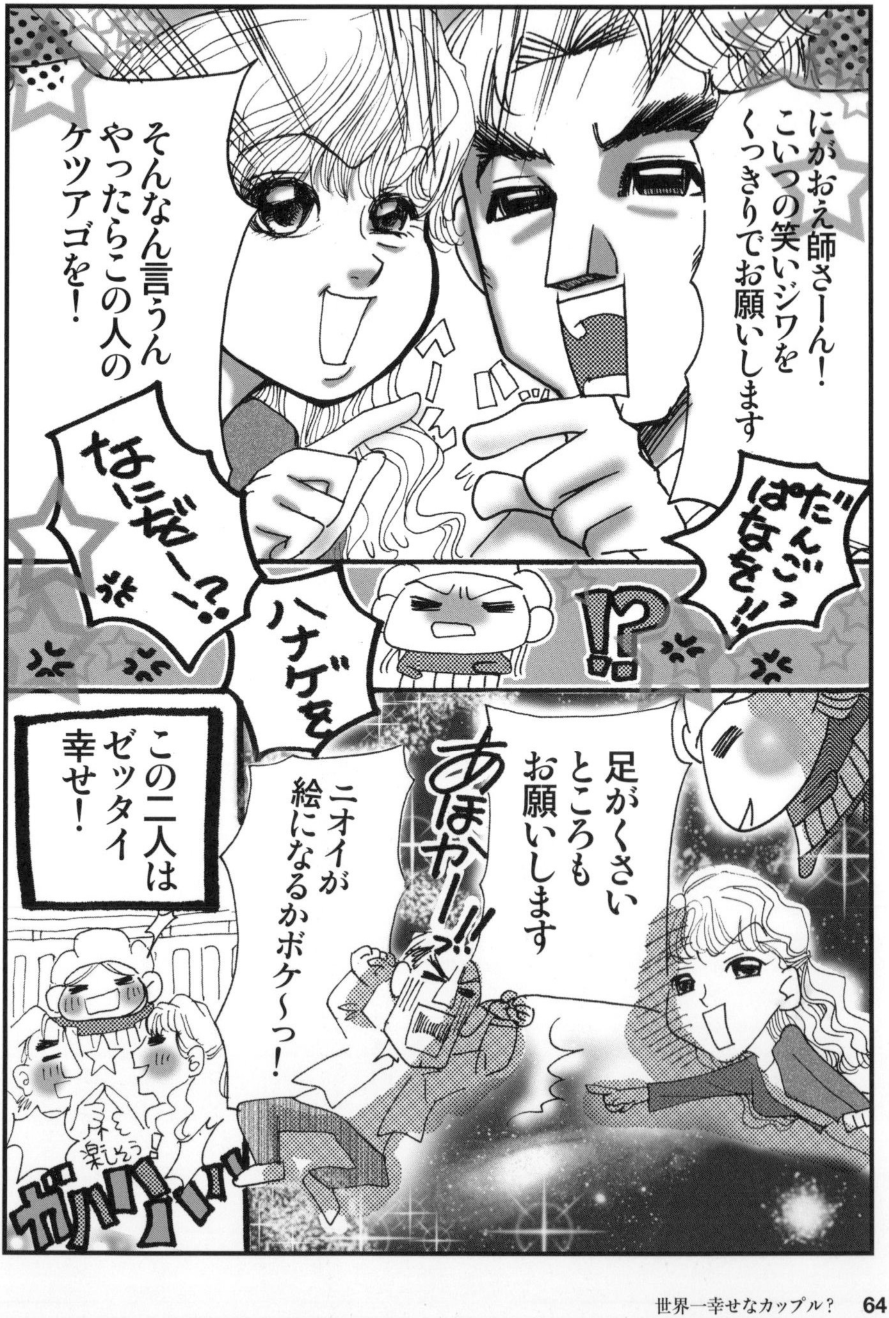
にがおえ師さーん！
こいつの笑いジワを
くっきりでお願いします
そんなん言うん
やったらこの人の
ケツアゴを！
だんごっぱなを!!
なにぞー!?
!?
ハナゲを
足がくさい
ところも
お願いします
あほやー!!
ニオイが
絵になるかボケ〜っ！
この二人は
ゼッタイ
幸せ！
ガハハハ

024

世界一幸せなカップル？

そもそも似顔絵でも描こうかっていうカップルさんって、たいていが幸せだと思う。

だからタイトルにあるように、「世界一」なのは全員と言うべきなのだけど、特に幸せそうだなあと感じたカップルさんがいたので、みなさんにご紹介。

それは「**お互いの欠点を言いあうカップル**」。どこが幸せそうなんだと聞かれそうだ。でもまあ、聞いておくれやす。

いつものように歩道橋で似顔絵を描いていたら、一組のカップルさんが、

「おねえさん！　似顔絵描いてください！」とやってきた。彼氏さんは彼女を指さしながら、

「こいつはそのままでいいけど、オレはカッコよく描いて！」とまず抜けがけ。それに反応した彼女さんは、

「**いーえ、私は可愛く描いて、彼を面白く、ネタっぽく描いてください！**」

と反撃。こういった言い合いは男性が負けることが多いけど、このカップルの場合は別だった。気持ちいいくらい、お互いの悪口が泉のようにわき出てきたのだ！　もう、サトウはその迫力に圧倒されてしまい、とりあえず**両方を美男美女**に仕上げて渡してみた。その瞬間カップルさんの会話は止まったが、

「**二人ともそっくりやーん**」「**いや、でもあんたはカッコよすぎ！**」

とまたマシンガンのように会話が弾けだし、そのパワーは留まるところを知らないといった感じ。けど、その二人は常に笑顔だった。どなったりしても次の瞬間は笑ってる。言葉にリズムがあって、まるで夫婦漫才のようなテンポの良さ。

「こういうカップル…やっぱりおるんやなあ」と思わず感心したサトウであった。

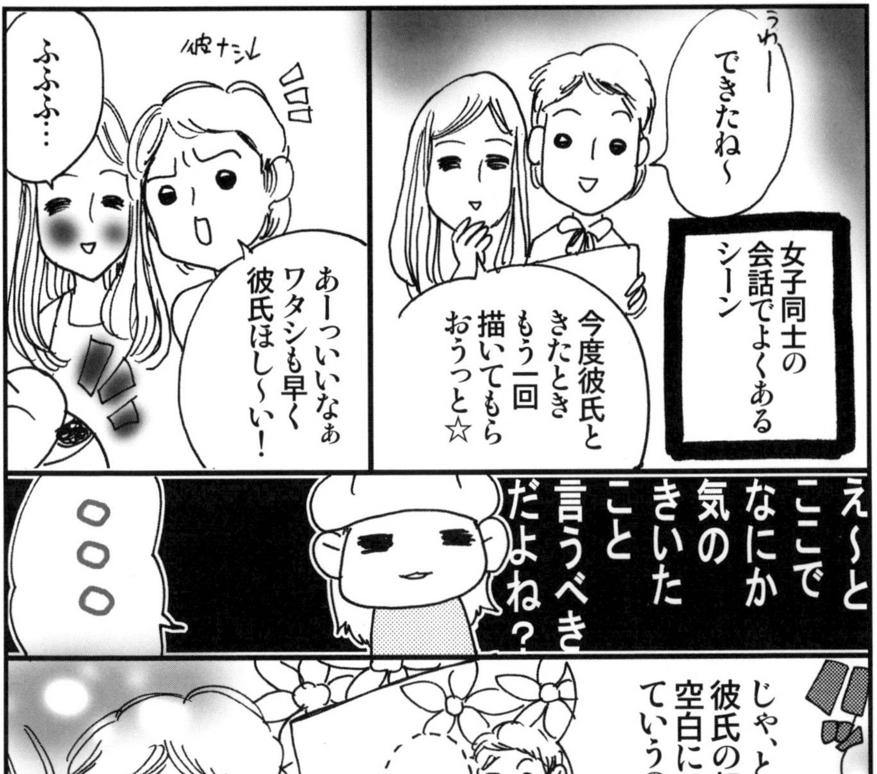
うわー
できたね～
女子同士の会話でよくあるシーン
今度彼氏ときたときもう一回描いてもらおうっと☆
彼ナシ
あーっいいなぁワタシも早く彼氏ほし～い！
ふふふ…
え～とここでなにか気のきいたこと言うべきだよね？
○○○
じゃ、とりあえず彼氏の部分空白にして描くっていうのはどう？
はげみになるかも！
絶対にイヤ！
デリカシー０
ゼロ

025

気のきいた言葉

似顔絵を描いてきて、よく不思議に感じることは、**『みんな意外と自分の顔のことがよくわかっていない、またはわかっていてもそれに自信がない』**ということ。

みんなそれぞれ自分の顔を鏡などで毎日見てるはずなのに、自分の毎日見ている顔が他人から見ても同じかどうか常に不安がっている。

とくに女子高生、女子中学生がそういう傾向にある。年頃だから無理もない。

でも、他の人もけっこう気にしている人は多い。サトウもうすうすは感じていた事実だけど、世の中の人は自分のことを客観的に見ることが苦手なのだ。

そういう不安な人たちにちょっと自信のつくような、なんというか気のきいた言葉をサトウさんが言えたらええのだけど、なかなかうまく言えないからつらいところ。とりあえず、**『女の子はみーんなカワイいんやでぇ?!』**というポリシーはあるものの、それをうまく表現できないのだ。

たとえば、彼氏ができないのは自分がかわいくないせいだと嘆(なげ)く女の子がいたとして、

「彼氏ができたらできたでめんどくさいで」

などと言ってしまう。その子の隣に彼氏持ちの女の子がいたりすると場の雰囲気(ふんいき)は最悪だ。

「あなたに彼氏ができないのは、世の中の男はんの見る目がないだけや」

と言えばよかったのに。サトウのバカ!　である。

人の顔を毎日見すぎて、キムタクの整ったカッコいい顔もただの記号のかたまりにしか見えないサトウだけど、だからこそ伝えられることもあるはずだ。

もうちょっと頑張って日本語を勉強しようと思う。

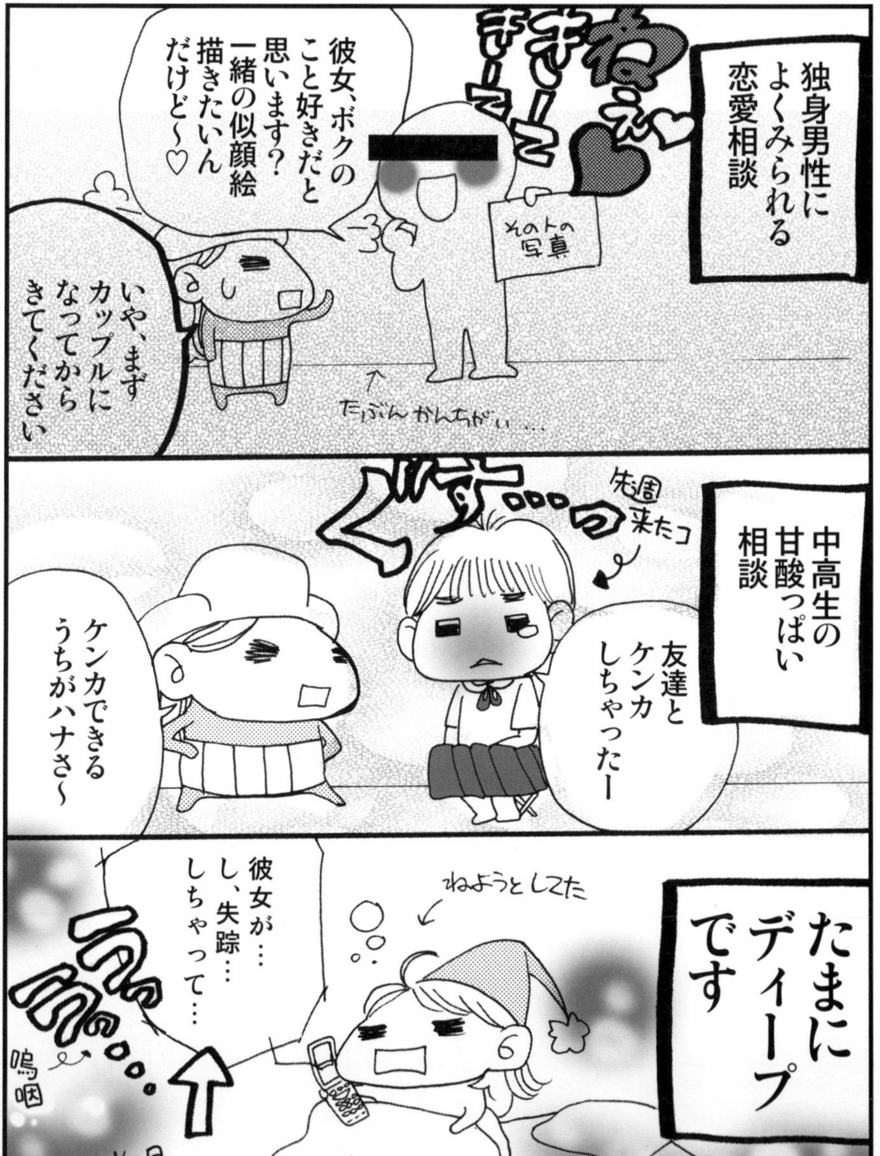
独身男性によくみられる恋愛相談
ねぇ♡
きいーて
きいーて
その人の写真
彼女、ボクのこと好きだと思います？一緒の似顔絵描きたいんだけど〜♡
いや、まずカップルになってからきてください
たぶんかんちがい…
中高生の甘酸っぱい相談
先週来たコ
ぐすっっっっ
友達とケンカしちゃったー
ケンカできるうちがハナさ〜
たまにディープです
ねようとしてた
彼女が…し、失踪…しちゃって…
うぅうぅ。。。
嗚咽
その日描いたばっかのカップルさんのカレシ

026
臨時恋愛相談所

夜の歩道橋には、安住の地を求めるように中高生がよくたむろっている。「**多感なお年頃だものね…**」**とババアみたいにつぶやくサトウ**。あの頃の時分は、とにかくだれかとしゃべっていたい時期、特にちゃんとした用事がなくてもみんなで輪になって色々思いつくことをしゃべり倒さないと落ち着かない！…そんな年頃。そして、**そんなガラスな十代がたむろする歩道橋**。たまにサトウも相談役としてかり出されるときがある。

「ちょっと姉さん聞いてよ！」と最初からトバす子もいれば、「お姉さんは占いできないの!?」と最初からトバす子もいる（つまり、とんでる子ばっかりなわけだが……）。

以前描いたお客さんから後日相談を持ちかけられるということも多い。

「この前一緒に来てた友達とケンカになっちゃって…」という言葉に、

「学校時代の友達なんてねえ、学校出てしまえば疎遠になるもんなの！」

と空気の読めぬにがおえ師。一番キモを冷やしたのは、

「彼女が家出しちゃって…もう会えないかもしれない！」

という内容の相談だった。とりあえず、それまでのいきさつを3時間ほど聞いたが、結局は、

「彼女はきっと戻ってこないであろう」

という確信が深まっただけにとどまった。それでも、

「ありがとう、聞いてもらったらすっきりした！」

「うん、でもあきらめずに何かやってみるよ！」

などと言われる。**世の中カウンセラーがもうかるはずだ**。こんなサトウでもよかったら、いつでも相談しにきてくれたまえい！

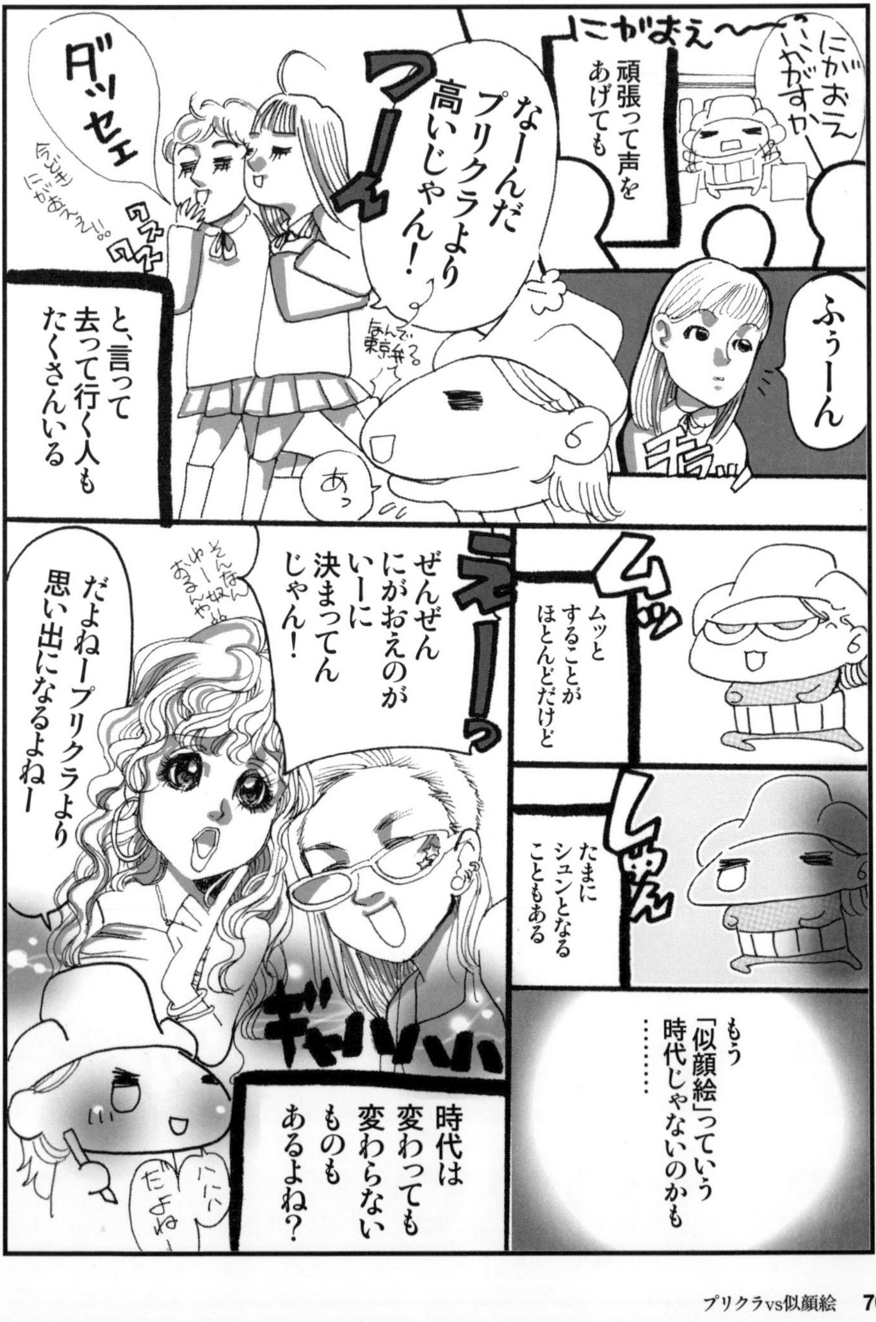
にがおえ〜〜
にがおえいかがすか
頑張って声をあげても
なーんだプリクラより高いじゃん！
つーん
ダッセェ
ふぅーん
チラッ
なんで東京弁
あっ
と、言って去って行く人もたくさんいる
ムッ
ムッとすることがほとんどだけど
しゅん
たまにシュンとなることもある
もう「似顔絵」っていう時代じゃないのかも……
えーっ
ぜんぜんにがおえのがいーに決まってんじゃん！
そんなんゆー奴おるんや
だよねープリクラより思い出になるよねー
ギャハハ
時代は変わっても変わらないものもあるよね？
だよね

027

プリクラVS似顔絵

天王寺で似顔絵を描いていると、お客さん以外の声も耳に入ります。当然と言えば当然ですね、だって往来の多い歩道橋ですから、イヤでも大きな声や音は耳に入ってくるわけです。そこで、道行く人がよく発する言葉として、

「え～っ、プリクラが300円なのに、なんで似顔絵は500円なわけぇ？　高くなーい？」

があります。500円でも口から血が出るほどの大安売りなのに、たいていこういうことを言って去っていくのはギャルです。

いやはや天王寺にも渋谷っぽいギャルがいるのですね……。

プリクラと似顔絵、わかりやすく言うと機械と人間。どっちがいいかなんてハッキリと言える人はいるのでしょうか？

機械には機械しかできない、人間には人間しかできないそれぞれの特徴というものがあって、それは比べてナンボというものでもないんですもの。

ただ、これを読んでいる人で似顔絵を描かれてみたことがない人はぜひきてください。ぜひにがおえ師さんと会話をしながら、自分の顔ができていくのをドキドキしながら待ってみてください。写真だったらありえないような変な強調のされかたに少し文句を言ってみてください。**満足のいく作品ができたら、家のどこに飾ろうか、わくわくしてみてください。**

「次は1年後かな…」

気軽に描かれるようなものでもないけど、次の特別な日のために、次の区切りの日のために、似顔絵を一枚一枚、ゆっくりと増やしてゆく楽しさを、きっとあなたは知るはずです。

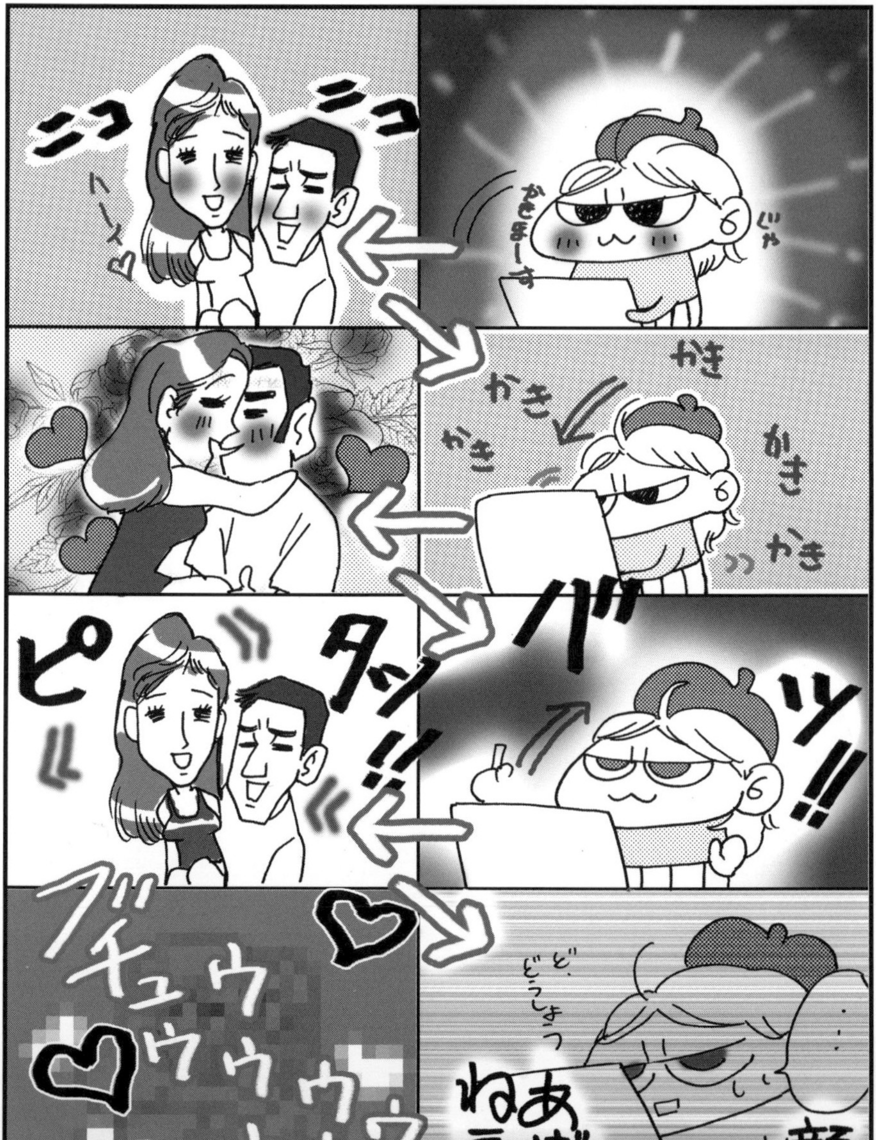
じゃ
かきまーす
ニコ
ニコ
かき
かき
かき
かき
かき
バ
ッ!!
タッ!!
ピ
ど、どうしよう
あげれねええ
顔…
ブチュウウウウウウウウウ

キスをしまくるカップル

028

大阪、天王寺駅の改札でもよく見ます。**ぶちゅーぶちゅーと音を立てキッスをしまくる若者を**。別に非難するわけじゃないっす。うらやましいわけでもないっす。ただ…日本も遠いとこまで来たな…という圧倒的な事実に打ちひしがれるってだけの話で。もう、やっちゃってください。目、そらしとくんで。

似顔絵にやってくるアツアツのカップルさんもよくブチュブチュと音を出してくれます。いや、あれはもう「音を楽しんでる」状態に近いかな、略すと「音楽」状態です。

で、顔さえ見せていただければ、似顔絵を描くにあたっては何の問題もないのですが、不幸なことにキッスの最中は二人の顔がよく見えない…。

「あ…すんません、こっち向いてもらっていいっすか?」

お取り込み中なのに言わねばならぬのです。耐えねばならぬのです。

「あ、ごめんなさ〜い」カップルさんの彼女がかわいらしく言います。

ちょっと見た後にまた描きはじめると、また音がする…。

「ん?!」サトウがばっと顔を上げると、二人の顔は前を向いている。

「あれ〜?!」不思議な気持ちでまた絵に集中していると、また音が〜〜〜〜。

ホラー?!　いや、気づいています。私が顔を上げ下げしていると同時に、彼らもまた顔をくっつけたりくっつけなかったりを繰り返していることに。

「**いやぁ、そこまで〝つながっていたい〟んですねえ**」と目を細めながら言ったら、その彼女さんに、「**やだー。この人エローイ**」とか言われました。**エロイのは君らや!**

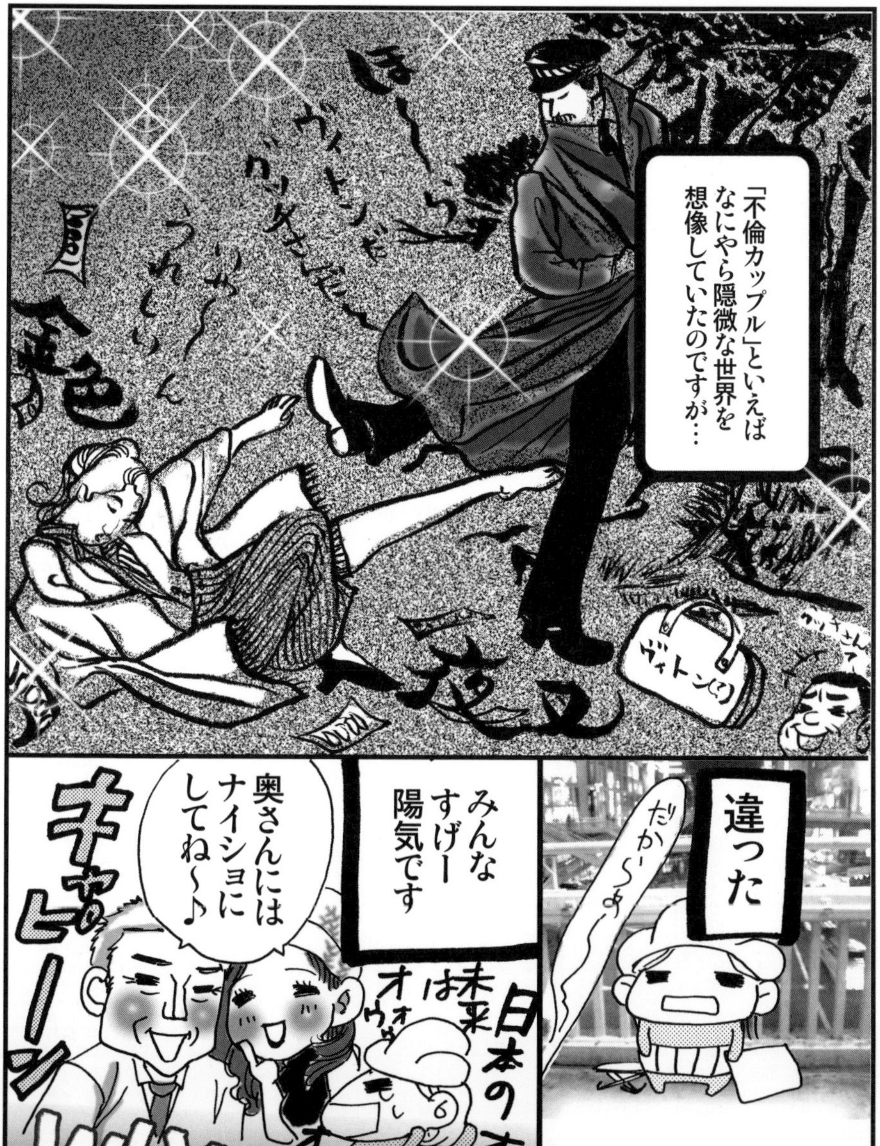
「不倫カップル」といえば
なにやら隠微な世界を
想像していたのですが…
ほ〜〜ら
ヴィトンだ
うれしい〜
金色
夜叉
ヴィトン(?)
違った
みんな
すげー
陽気です
奥さんには
ナイショに
してね〜♪
キャピーン
WHY…!?

029

明るい不倫&複雑カップル

某観光地であくせくと似顔絵を描いていると、意外と不倫カップルさんや複雑な状況のカップルさんとよく会います。

「**観光地だから……仕方ないんちゃう?**」

地元の人も何かを感じても、そっと心の引き出しにしまってくれている感じです。

ちなみに天王寺でもやはり会います。わかります。愛人なのか同伴出勤のホステスさんなのかまではわかりませんが、バッチリメークで、**体のしならせ方が「メス」な女性はビンゴです**。

しかし、複雑な状況なのに似顔絵なんて描きたがる人は天王寺ではまだ少なめ。

そのぶん某観光地はけっこう多い。ハメがはずれているのか、タガがはずれているのか。しかも、「あ、この子たちの父親はこの人じゃないですよ〜。まだ結婚してないし」と子どもらの前で高らかにおっしゃる母親さんや、

「**妻は別のとこに男と旅行中。さっきのは彼女なんです〜〜**」

とふいに女性が席をはずしたときに教えてくれる男性。みんな明るぅい…。

「不倫は文化」論でおなじみ石○純○氏が聞いたら、「ほらね?」っていいそうだぁ…。

ちょっと価値観が揺らぎそうです。こんな調子で不倫&複雑カップルに遭遇(そうぐう)し続けたら、いつか殺人事件(痴情(ちじょう)のもつれの末の)にでも巻き込まれそうです。「**にがおえ師は見た!**」とばかりに事件を解決できればよいのですが、見てのとおり似顔絵しか描けない無能者、そういう日が来ないことを祈(いの)るばかりです。みなさん! 不倫はひかえめに!

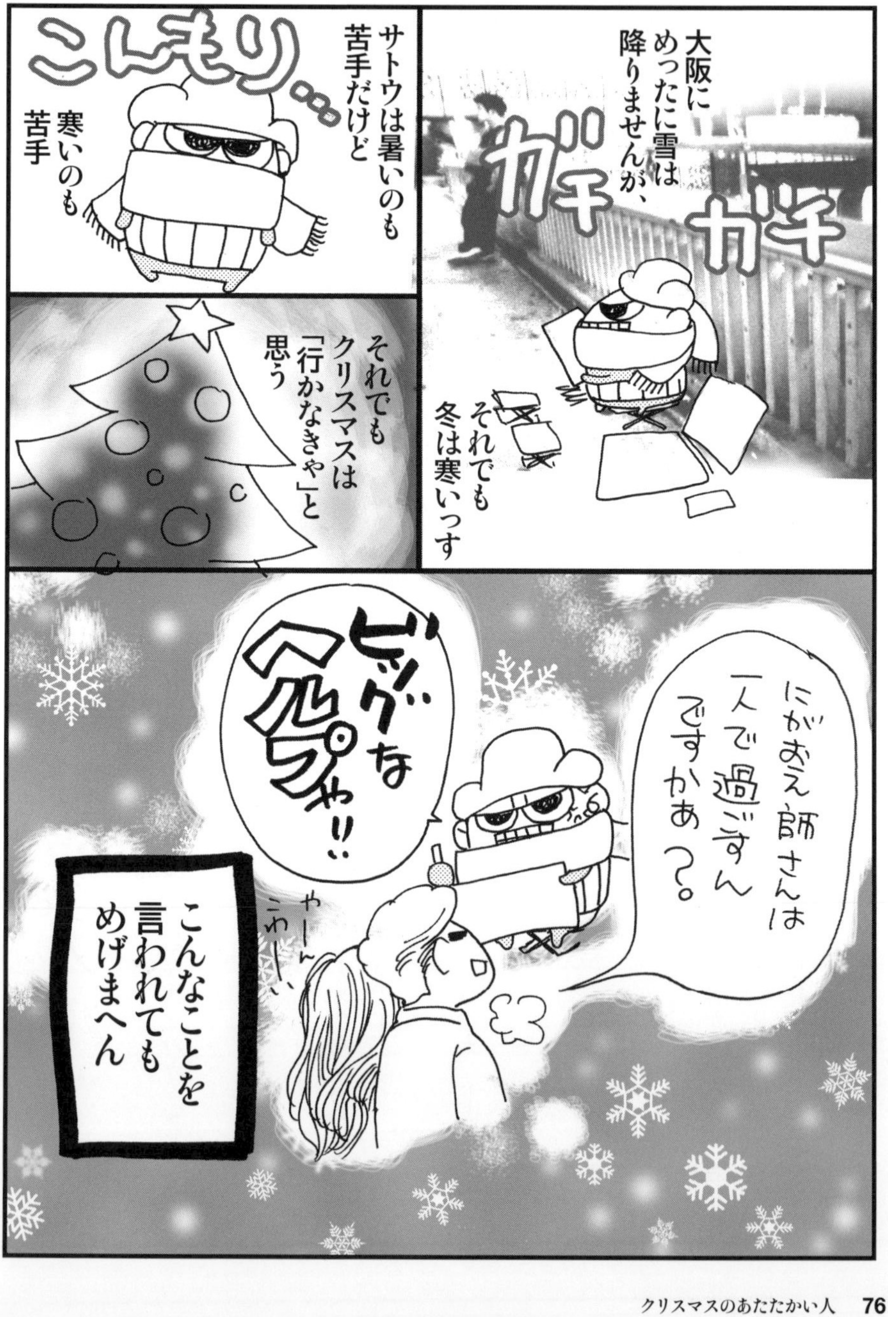
大阪に
めったに雪は
降りませんが、
ガチ
ガチ
それでも
冬は寒いっす
サトウは暑いのも
苦手だけど
寒いのも
苦手
こんもり…
それでも
クリスマスは
「行かなきゃ」と
思う
にがおえ師さんは
一人で過ごすん
ですかあ？
ビッグなヘルプやり!!
やーん
こわーい
こんなことを
言われても
めげまへん

030

クリスマスのあたたかい人

冬は似顔絵を屋外で描くには向いてない。寒いからお客さんが座ってくれないし、私の手やオケツがかじかんでつらいのだ。

　でもそんな寒い冬空の下、夜12時近くまで待ち続けたひとりの男の人がいた。見た感じ、普通のサラリーマンで30歳くらいとおぼしきその男性。その日はクリスマスイブだったので、前には3組ぐらいカップルがいた（その時点でもかなり遅い時間）ので、合計1時間半くらいその人は私の前で一人で凍えていた。少し不審にも思ったが、とうとう彼の番になり、

「うちの奥さんにどうしても似顔絵をプレゼントしたくて」

と、少し照れながらその奥さんの写真を出す姿を見て、思わず、

「よっしゃ、まかせなはれ」

とタンカを切った。

　正直にいうと、その日はお昼から描きっぱなしで手のかじかみと疲労は最高潮。「もう終電近いし、また次の機会で」と言いたかったがやせ我慢。なんとかサトウの納得がいく似顔絵が終電時間ギリギリくらいに出来上がり、二人そろって猛ダッシュ。そして次の朝その男性から「奥さんが喜んでくれた！」と報告メールが来た。**サトウ超感動**。

　まず好きな人のためにそこまでできる優しい人に出会えてうれしい。そして奥さんが喜んでくれて、それをわざわざちゃんと報告してくれる気持ちがうれしいと思った。

　サトウは寒いの苦手だし、クリスチャンでもないけど、そういった人の心のあたたかいものに出会いやすいクリスマスという時期がとても好き。

キリストはん、お誕生日おめでとう！

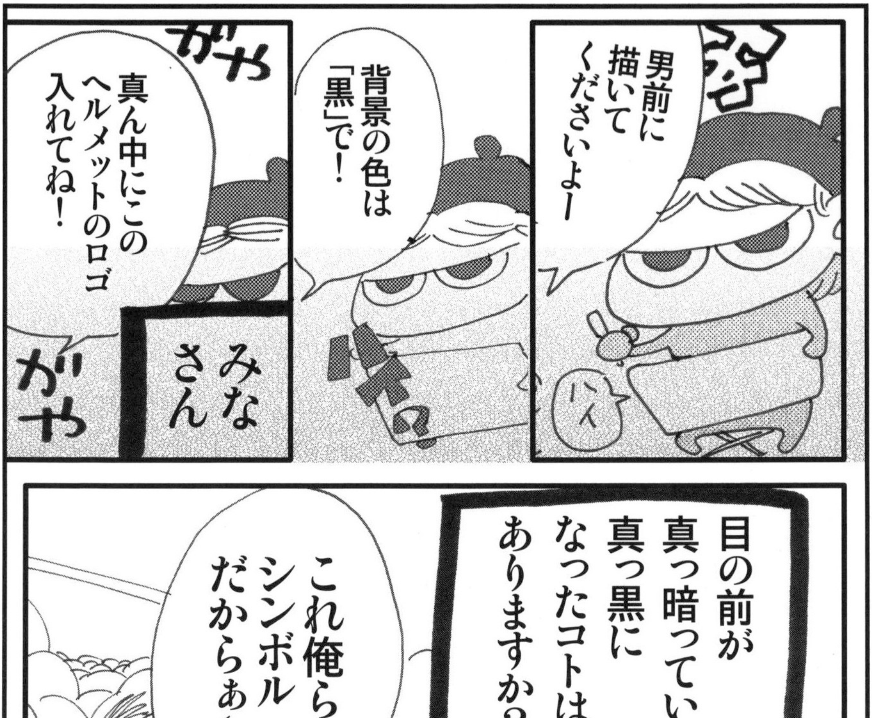
男前に描いてくださいよー
ハイ
背景の色は「黒」で！
ガヤ
真ん中にこのヘルメットのロゴ入れてね！
みなさん
ガヤ
目の前が真っ暗っていうか真っ黒になったコトはありますか？
これ俺らのシンボルだからぁ～

031

目の前が黒くなった瞬間

目の前が黒くなることってけっこう多い。初めての海外旅行のシンガポールで（当時15歳）、ガイドさんに置き去りにされ、赤道直下の炎天下で、肌ではなく目の前が黒くなったという記憶がある。が、それはあくまで気持ちの中での出来事だと思っていた。

私が本当の「真っ黒」を知ったのは、京都の北部の某観光地で、黒い革ジャンを着て鎖のアクセサリーをジャラジャラ言わせている二人組の男性を描いたときだった。

その二人は「頭（かしら）」だったのだ。いや、「リーダー」とか言うべきか？ 大阪市内ではおなじみの、夜中を爆走するお兄ちゃんたちが、同じ関西とはいえ、まだのどかな自然が残る観光地でもブイブイいわせていたのには驚いた。それ以上に驚いたのは、そんなお兄ちゃんの一人が顔を描かれながら、

「この似顔絵をバイクのケツにつけて、ヒラヒラ言わしたる！」と言ったときだ。

「それ危なくないですか！」と思わず無謀にも突っ込んでしまうほどだった。

「じゃあ、行きつけの店に貼（は）る！」「ぜひ、そうしてください」

「オレの舎弟（しゃてい）に毎日拝（おが）ませる！」「ぜひ…そうしてください…」

そんなフレンドリーな会話をしていると、バイクに乗ったたくさんの真っ黒な「舎弟」たちが、どこからともなく私たちのまわりに集結し、あたり一面にあふれかえってきた。道路はバイクだらけになり、大渋滞が発生。クラクションと罵声（ばせい）が飛び交い始める。見物人がいっぱい集まってくる…。

「ああ、イナゴの大群の来襲って、きっとこんな感じ…」

と暗くなりながら絵を最速で描き上げた。今でもあの絵は拝まれているのかしら。どうなのかしら。

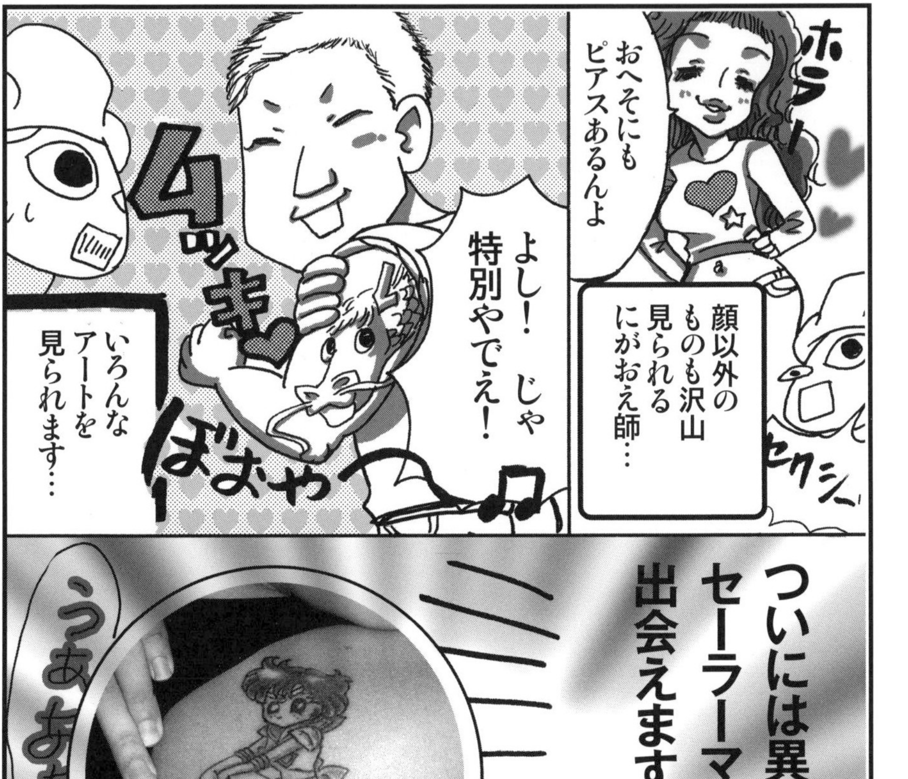
ホラー
おへそにも
ピアスあるんよ
顔以外の
ものも沢山
見られる
にがおえ師…
セクシー
よし！　じゃ
特別やでえ！
いろんな
アートを
見られます…
ついには異国の地で
セーラーマーキュリーに
出会えます！
うあああ
スゲー
032

背中に絵を描いた人

路上で他の露天商と一緒に活動していたりすると、**やくざな人たちとしゃべる機会も多い**。バッタ物や盗品ブランド物を売りさばいている外国人の露天商には必ずバックにやくざがついており、ショバ代などを徴収していたりするものだから、

「ココハボクノバショデス、ベツノトコロニイッテクダサイ」

と、その外国人の場所に座っていると、強気な感じでどかされる。彼らもこれで生活しているのだから必死だ。

そんないたいけな（？）外国人たちから金を巻き上げながらも、取り仕切ってるやくざの人はとても気さくな人だった。その人のおかげで、歩道橋でのトラブルは大事に発展せずに済んでいたところもある。もともと道路交通法を犯している無法者たちの集団でも、集まればなんとかルールのようなものができあがるのだなぁと妙に感心。

観光地に行けば、ご当地のやくざの人が必ずいるのもさすがだと思った。いや、全部が全部とは言い切れんが。

本題に移ろう。やくざな人たちは背中をキャンバスとした「アート」にも知識が深く、同じように絵を描くサトウに、

「こーんなふうな絵を描かなあかんでぇ」

と、それはそれは素晴らしい牡丹の花を見せてくれたり、

「姉ちゃん大阪か！　じゃぁ阪神ファンやな。だったらオレのトラを見せてやるよ！」

と背中の名画を見せてくれたりする。ある意味、本当に「生きたアート」を背負う彼ら。普通の人はなかなか見られないものだけに、おそろしいながらも興味が隠せないサトウなのであった。

Column 02 似顔絵に使う道具の紹介

ぶっちゃけ、道具なんて何でもよいのですが…とりあえず、形をとる練習に鉛筆はかかせません。鉛筆は三菱から出ているユニか、もしくはステッドラーという会社から出ているルモグラフという種類の鉛筆を買ってください（だいたい硬さはＢ～３Ｂです）。消しゴムは１２０円くらいのネリケシを買ってください。それとあればプラスティック消しゴムです。

あと、画板と呼ばれる分厚い板と鉛筆を削るためのナイフ。練習用のスケッチブックに、画板と色紙や画用紙をはさむクリップ。手が汚れるのでウェットティッシュもあると便利です。

日本で一番使われている似顔絵のスタイルは、色紙に水彩絵具か、色紙にコピックなどのアルコールマーカーを使って着彩する方法です。

金がないなら、水彩絵具を選びましょう。日本で流通している色紙で安く手に入ってメジャーなものと言えば画仙紙となるのですが、これがかなり水分を吸い込むので、一本３００円くらいするアルコールマーカーが次々と使えなくなるのをあなたは暗い気持ちで見つめるハメになります。

水彩絵具には不透明水彩と透明水彩の二種類の水彩絵具がありますが、色の何たるかを知るためにはまず透明水彩から。小学校で使ったサクラマット水彩は、水の量によって透明になったり不透明になったりします。押し入れで眠っていたら叩き起こしてください。

アメリカで似顔絵はポートレイト部門とカリカチュア部門とぱっくり線引きされています。ちなみにポートレイトが写実型、カリカチュアは特徴強調型の似顔絵。

多いのはカリカチュアスタイルのにがおえ師さんで、主にプリズマカラー・アートスティックス、エアブラシ、チョーク（パステルを含む）で色を塗っていきます。

日本では机を用意してその上に色紙を置き、水彩絵具を筆で塗っていくのが主流であるのに対し、アメリカでは大きめのイーゼルに画板をたてて、紙をクリップ等でとめ、アートスティックスを滑らせながら塗っていきます。

日本は水平に、アメリカは垂直に。紙の置き方ですらこんなに違うことにビックリですよね!?

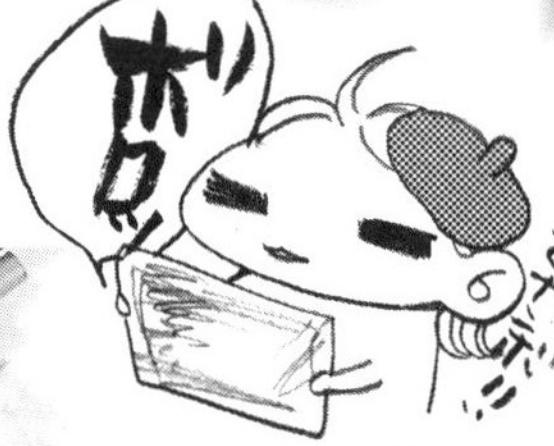

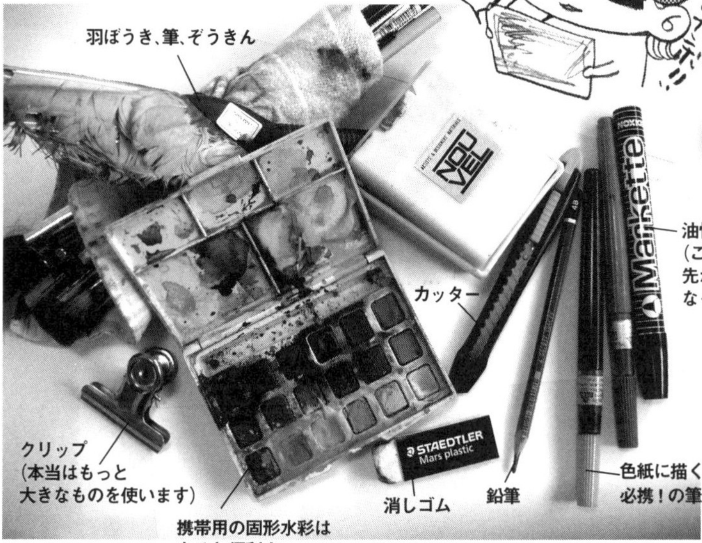

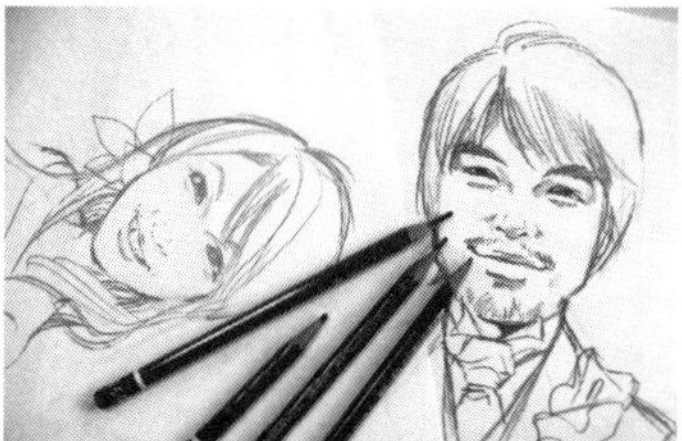

絵描きは鉛筆が使いこなせてこそですよ！

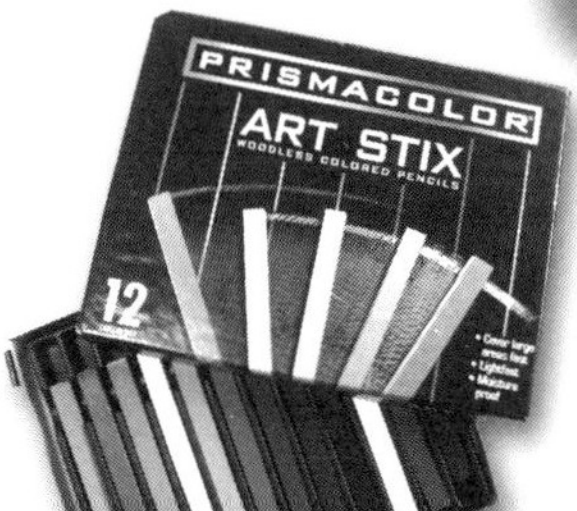

日本の画材屋さんでは見かけない
プリズマカラーのアートスティックス。
インターネットが使える人は
http://www.dickblick.com/ にいくと
海外から送ってくれます！
（時間は少しかかりますけどね）

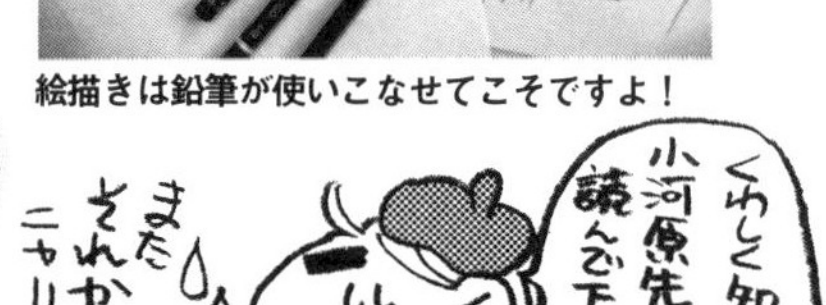

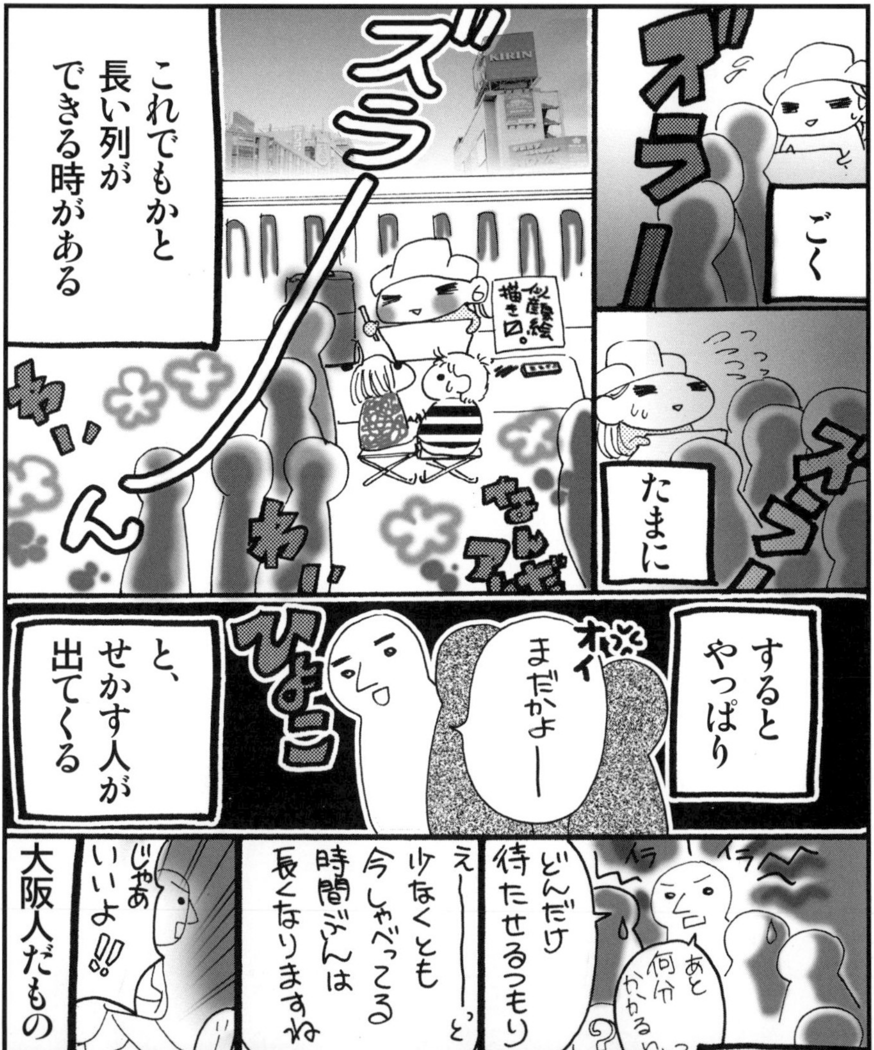
ゾオラー
ごく
たまに
ゾオラー
これでもかと長い列ができる時がある
ズラーん
似顔絵描き□。
わいわい
わいわい
するとやっぱり
オイオイ
まだかよーー
ひょこ
と、せかす人が出てくる
イライラ
どんだけ待たせるつもり
あと何分かかるわけ？
こういう時は正直に
・・・
うおおお
えーーーと 少なくとも今しゃべってる時間ぶんは長くなりますね
ぜいはあ
ぜいはあ
じゃあいいよ!!
大阪人だもの
い―ぞー
帰れ帰れ
あわわ

033

せっかち宇宙一！

関西は忙しい土地柄でもある。**みんななぜか早足だ。**

サトウは高校を卒業したあたりから、歩くスピードがなだらかに遅くなり、今は後ろで歩いてた人からいきなり「邪魔だ！」と叫ばれるくらい遅いが、似顔絵はできるだけ早く描くように心がけている。

それでも2、3人も待つ人ができれば、待つ時間が長くなってしまう。そうなるとやはり土地柄もあってか、

「いつまで待たせるの〜？」とか言われちゃったりするのである。

「そんなん、ちゃっちゃと描いて順番まわしてくれよなー」とか。

おおおおい、気持ちはわかる！　でもそこまで時間が命なら、

『スピード証明写真でもとっておけ』と言いたい。

たまにサトウも混乱するのだけど、似顔絵の醍醐味って、人と人とが会話とかコミュニケーションしながらできる点にあると思う。今は機械で描ける似顔絵とかもあるわけだし、私の人格無視で絵だけが欲しいとかいうのなら、なぜ並ぶのだ……。逆に疑問だ。あと、

「電車の時刻がせまっていて……どうにかそれまでに3人描けますか？　色つきで！」と聞かれることもあって、

「あと何分ですか?!」と聞いたら、

「2分！」と言われて空を飛びそうになったこともある。

似顔絵は作りおきなんて絶対にできないし、手描きの場合はショートカットもない。

もう少し…心と時間に余裕を持ってくれるとうれしいのになあ。

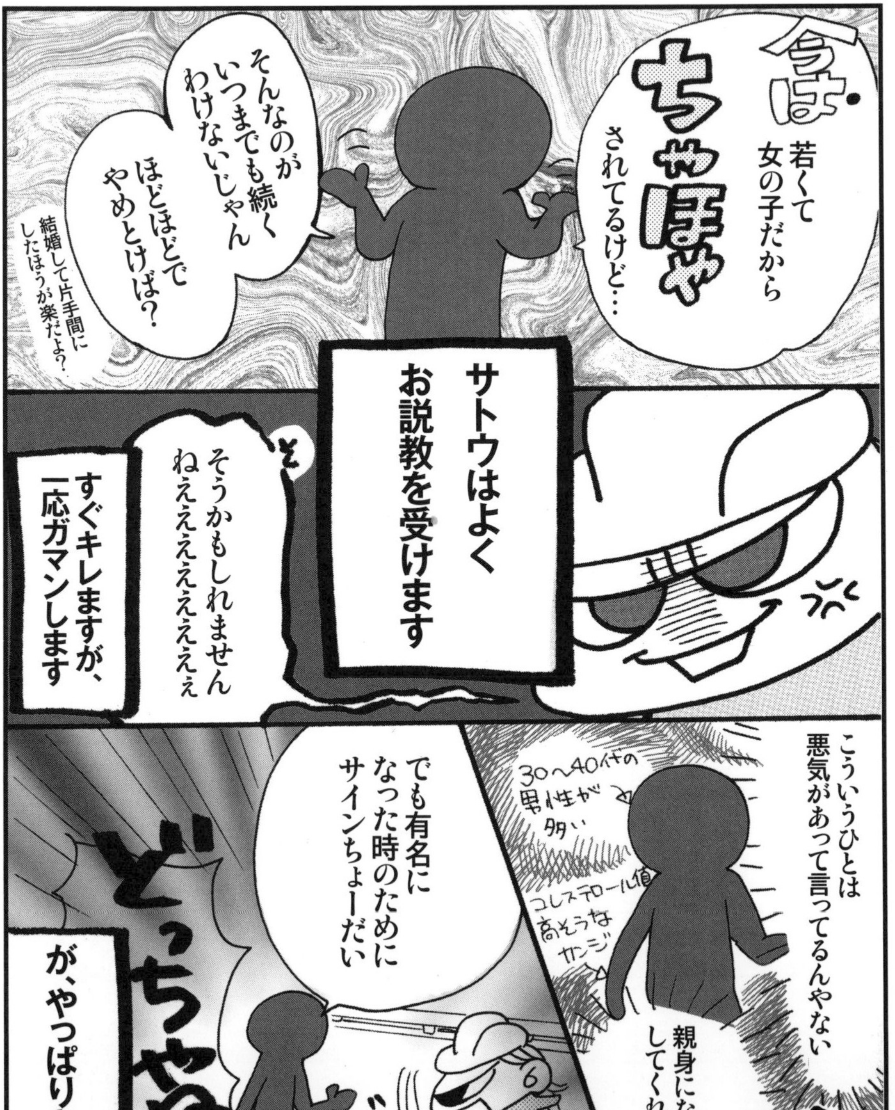
今は・若くて女の子だからちやほやされてるけど…
そんなのがいつまでも続くわけないじゃん ほどほどでやめとけば?
結婚して片手間にしたほうが楽だよ?
サトウはよくお説教を受けます
そうかもしれませんねえええええええええ
すぐキレますが、一応ガマンします
こういうひとは悪気があって言ってるんやない
親身になって心配してくれてるんや…
自己暗示
30〜40代の男性が多い
コレステロール値高そうなカンジ
でも有名になった時のためにサインちょーだい
が、やっぱりキレます
どっちやねん!!

034 説教され体質

サトウさんはよく説教されます。なんででしょうね。

しかし、生きていたらそういうことは日常茶飯事じゃないのかな。「女性なら女性らしく」とか、そういったもの、みんなそれぞれあって、私だけにあるものではない。

でも、だからといってムカつかないわけでもない。

サトウさんは「**常識的なことをさも真理っぽく言われる**」のが大嫌い。

「**ものすごい否定の言葉を、私のためにと言わんばかりに得意げに言われる**」のも嫌いだ。…否定的な言葉を言ってもよいが、ちゃんと自覚をして発言してほしいと強く思う。

「似顔絵師なんか、いつまでもできるわけないじゃない」

という言葉には「似顔絵を侮辱」と「私の根性を侮辱」の2つ否定の言葉が含まれているわけなのだが、言っている本人は気づかない。そこがイヤだ。

「それって、にがおえ師自体をバカにしてませんか…?」とすごんでみると、

「そんなつもりで言ったんじゃないよー」などと言われる。そして弁解が始まる…。

全国の同じ立場にいる人、キレよう！　我慢すべきじゃないよ、こんなことは。

いちいち言うのもめんどくさくなるだけかもしれないけど。キレても何も変わらないかもしれないけど。少なくともそのとき怒ることによって、エネルギーが生まれて「いい作品」ができます。なにより変にストレスにならないからね！

完璧右脳人間（左脳も右脳になってしまったかも…）のサトウさんにとって、説教する人たちの「常識」はけっこうなカンフル剤となっている。

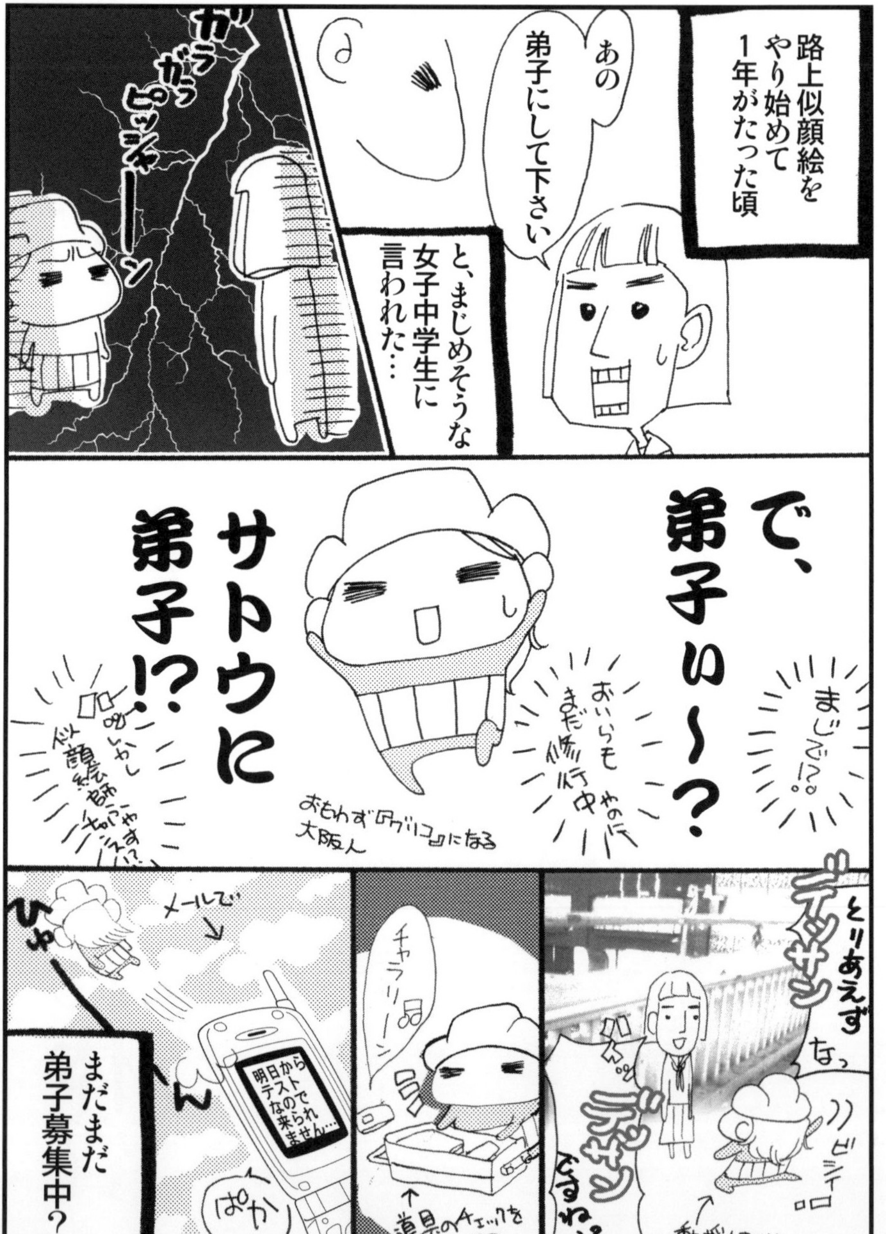
路上似顔絵をやり始めて1年がたった頃
あの
弟子にして下さい
と、まじめそうな女子中学生に言われた…
ガラガラピッシャーーン
で、弟子ぃ～？
まじで!?
おいらもまだ修行中やのに
おもわず『タメ口』になる大阪人
サトウに弟子!?
とりあえずデッサンなっ
デッサンですね!?
ビシィ
動揺しまくり
チャラリ～ン♫
道具のチェックをしてる
メールで
明日からテストなので来られません…
ぱか
まだまだ弟子募集中？

035

弟子にしてください

何度言われた言葉だろうか。でも、今私に弟子はいない。弟子をとるほどの年齢でもないし、当たり前と言われればそうなのだけども。

大阪には悲しいほどににがおえ師がいないので、さみしがりやのサトウとしてはにがおえ師人口を多くするのは大賛成である（チカラのあるにがおえ師はみんな東京とかに行っちゃってる気がする。なぜだ！カムバーック）。

しかし、せっかく似顔絵のコツを教えても、「じゃあ描いてみせて」というと「人に見られながら描くのはちょっと……」と言われたりする。**いやいや、似顔絵というものは見られてナンボですから！**かなり凹む。

それでも希望は捨てずにいようと思う。

最初はすごく熱心だったけど、「試験があるので」と途中で歩道橋に来なくなった中学生の女の子もいたなあ。……**まだ試験中なんだろうか。あれからもう3年以上たってるけれども。**

「私は別ににがおえ師になりたいわけじゃない」と捨てゼリフを置いて行ってくれた人もいた。

「今度の土日は水族館に行きませんか？」と似顔絵そっちのけの男の人もいた。

……もしかしてバカにされてる？

いやいや、それでも希望は捨てずにいたい。

いつか大阪が「にがおえ師のまち」として気軽に皆が絵に触れられるように、サトウの技術でよければ持って行ってちょうだい状態なのである（**だれかにがおえ師になりませんか？**）。

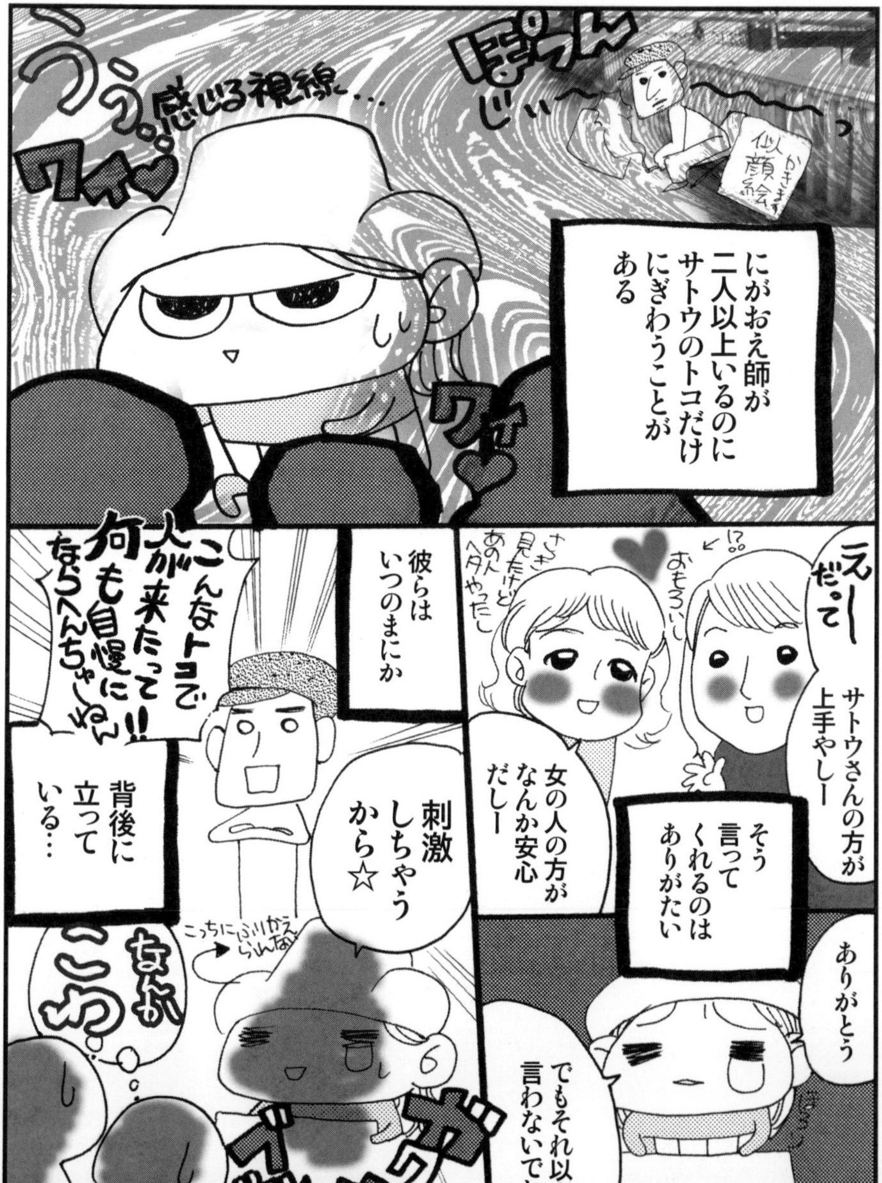
ぽつん
じぃ〜
似顔絵かきます
うう。感じる視線…
ワイ♡
にがおえ師が二人以上いるのにサトウのトコだけにぎわうことがある
ワイ♡
えーだって
サトウさんの方が上手やしー
!?
おもろいし
さっき見たけどあの人ヘタやったし
女の人の方がなんか安心だしー
そう言ってくれるのはありがたい
彼らはいつのまにか
こんなトコで人が来たって何も自慢にならへんちゅーねん!!
背後に立っている…
刺激しちゃうから☆
ありがとう
でもそれ以上言わないでね…
こっちにふりかえらんな!
なんかこわ

勝手にライバル宣言

アートな人たちはサトウも含めてだけど、ひとりよがりです。逆に言うとひとりよがりでない社交的な人は普通に社会に溶け込めるので、アートに飛び込みません。師弟制度がしっかりしていて、集団でも素晴らしい作品を作る人たちがいますが、その方々は「職人」です。職人とアートな人の作る物は似ていても、意味合いはかなり違う。

にがおえ師に限らず、路上でパフォーマンスをしている人は**自己顕示欲が巨大です。**

自分からは何も言えないわりに、注目されるのは大好きというちょっと扱いに困る人たちと考えても差しつかえないかもしれません。

なので、たとえばサトウのとこだけにお客さんが来てしまった場合、**他の路上にがおえ師が敵意をむき出してくるということがあります。**別に歩道橋はサトウの所有物でもなんでもないから、別のにがおえ師がいたってかまわないのだけど、向こうはそうもいかぬようで……。サトウがお客さんを描いている途中だというのに割って入ってきて、

「ふーん、そんな描き方があったんだぁ、こんど真似しよう♪」などと言ってきます。

お客さんもあきれ顔なのに、

「オレ、こんなイラストも描いてんだけど、どお？」

と彼自前のファイルを見せてきたり、

「こんなところでお客がいっぱいでも全然うれしくない！」

と負け惜しみを言ってきたりします。けっこうロコツなので面白いです。昼ドラみたいです。

そんなことするヒマに絵の一枚でも描きやがれ。

036

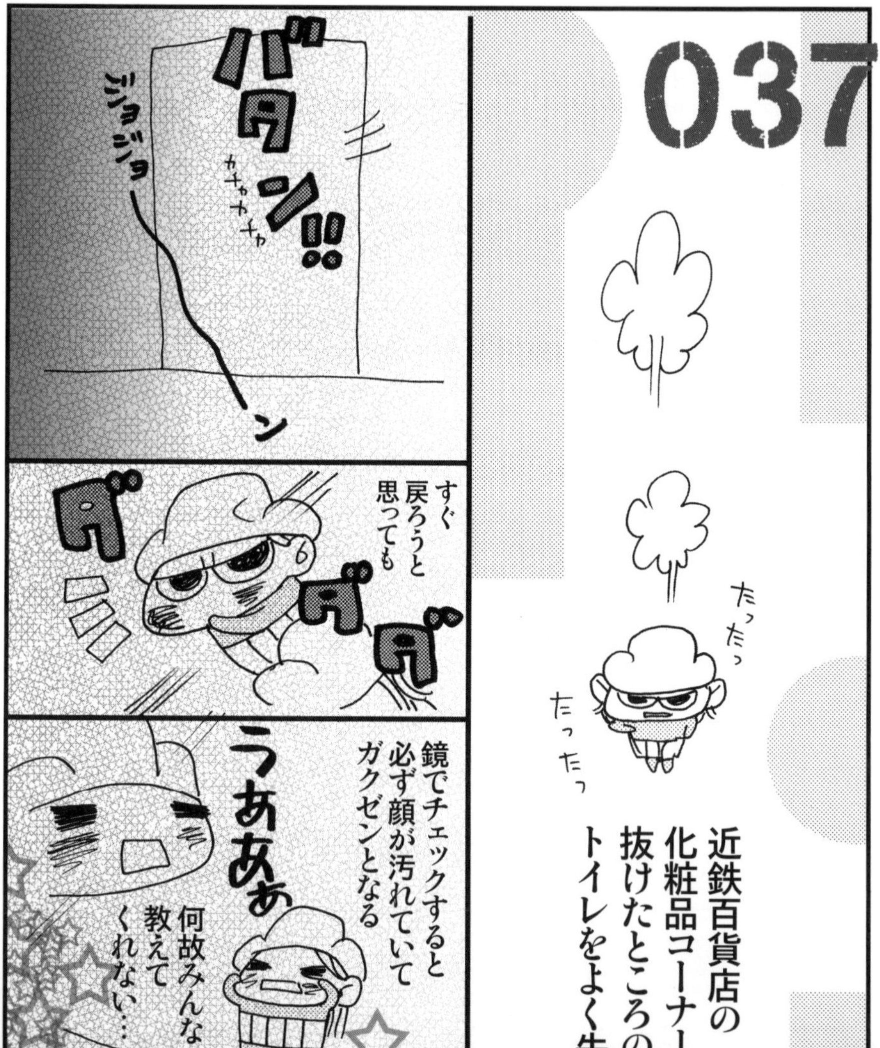
037
近鉄百貨店の化粧品コーナーを抜けたところのトイレをよく失敬した
たったっ
たったっ
バタン!!
ジョジョジョーン
カチャカチャ
すぐ戻ろうと思っても
ダダダ
鏡でチェックすると必ず顔が汚れていてガクゼンとなる
うあああ
何故みんな教えてくれない…

トイレ問題

女に生まれたら何がイヤだって？ そんなん、「生理」に決まってるやん！ 必要な痛みとはいえ、子宮から血がダーダー流れているのを想像するだけで貧血になるっちゅーねん。ナプキンを少し下手にパンツにしくと、すーぐ横もれだのなんだの、面倒なことになる。それが毎月毎月！ やってらんねーよ、実際。

というわけで、男性よりも女性の方がトイレにお世話になることが多いと思いますが、みなさんはどうなのでせうか。

サトウは生理に加えてコーヒーを飲むと頻尿になるというクセがあり、しかも普通のテンションから「…でる！」とせっぱつまるまでの時間が短いため、トイレに猛ダッシュする日々が続いていますよ。ははははは。

サトウは歩くのは遅いのですが、幸い50メートル8秒ジャストと、まぁまぁなタイムなので難を逃れています。歩道橋は駅も近いし、ファッションビルに囲まれているのでトイレの場所はけっこう豊富。セール期間などは混み合うこともあるけど、おおむね良好なトイレタリーライフを満喫。

しかし、似顔絵も人気が出て人が集まり、差し入れにコーヒーをもらう、冬の寒い時期…という3コンボになるとサトウの膀胱が暴行!? みたいな、悲惨な状態になります。

それに生理の時期が重なりあうと、ものすごい奥義が炸裂します。もう出てるのは血なのか尿なのかわからなくなってしまい、世界が涙でいっぱいに。

「血も涙もない世界とはこのことよのう」

うずくまり、便器の中心でつぶやくのです……。

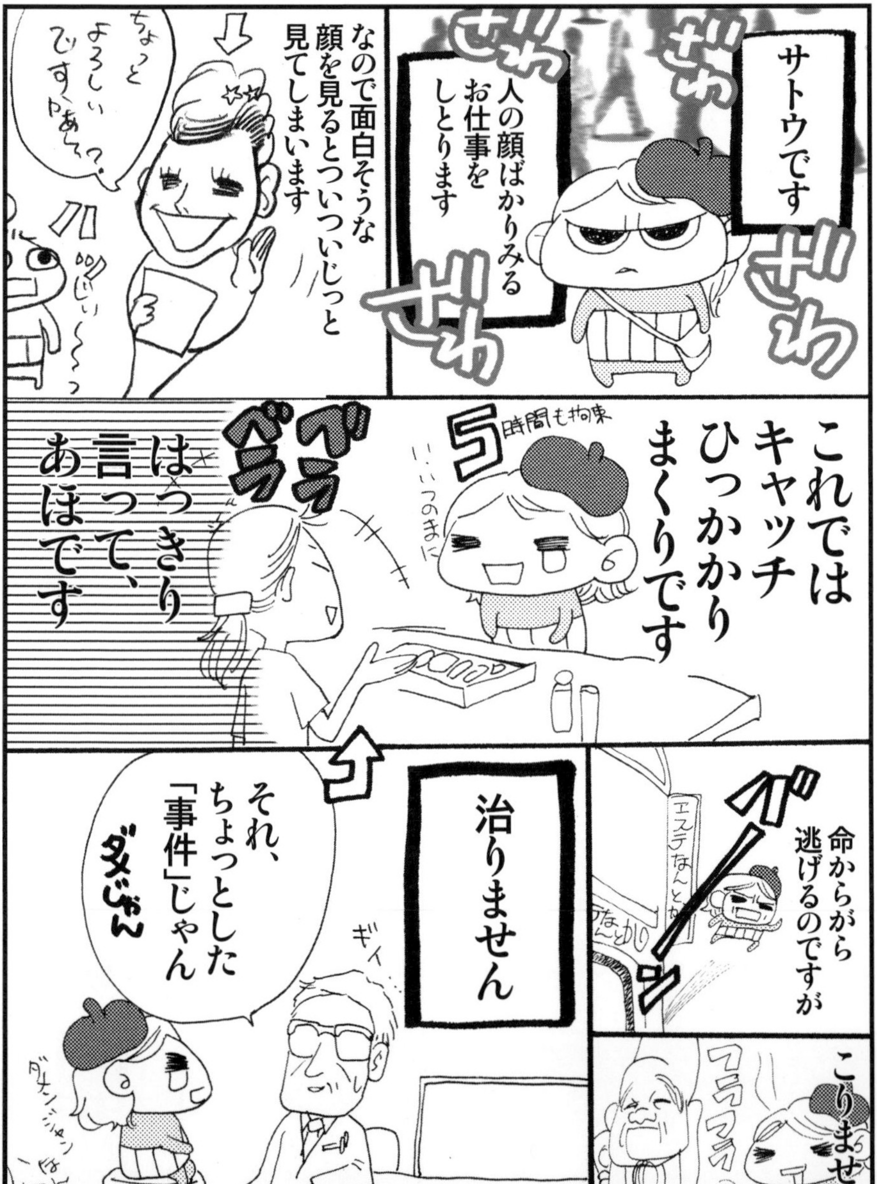

サトウです
人の顔ばかりみるお仕事をしとります
ざわ
ざわ
ざわ
ざわ
なので面白そうな顔を見るとついついじっと見てしまいます
ちょっとよろしいですかぁ～？
じぃぃ～～っ
これではキャッチひっかかりまくりです
5時間も拘束
い、いつのまに
ベラベラ
はっきり言って、あほです
命からがら逃げるのですが
エステなんとか
ダッ
こりません
フラフラ
治りません
それ、ちょっとした「事件」じゃん
ダメじゃん
ギイ…

038

ああ、職業病

面白く（…というと誤解を生みそうでコワイな…）興味深い顔をみると、じっとその人を見るクセがついてしまい、楽しいこともあれば、悲しいこともあった。

楽しいことは取りあえず後で描くとして、悲しいことは右のマンガにあるようにキャッチに引っかかったあげく何時間も拘束されたという事態のことをさす。

あれは本当に危なかった……。と言っておかないといろんな意味でダメだよね。きっと。

他のにがおえ師さんに聞いてもあんまり似たようなことはないらしい。のでにがおえ師共通の職業病かと思われたら他のにがおえ師さんたちに大迷惑なわけだが。

面白い顔を見たら、つい凝視しちゃうよね！

そんなわけで今でもキャッチ引っかかりまくりである。やべえやべえ。あ、でもエステの回数券とか高級羽毛布団とかを買わされた記憶は一切ない。そんなときは、

「私には夢があるんです！　宇宙に行って、地球の似顔絵を描くんです！」

と言って解放してもらっている。本気で言ってるからスゴいぞ。

この手は電話のセールスにも使える。たとえば、

「将来はどのようにお考えですか？」

と丁寧に聞かれると、

「はいっ！　とりあえず10年後にはNASAの実験体として宇宙に行きたいんですが！」

と元気よく言うのだ。すると相手の方からガチャッと電話を切られる。

長い間拘束されたりすると、時間の無駄になったななどと思ったりもするが、「これもなんかのネタのうち」と笑っているサトウ。いつか痛い目にあいそうですね。

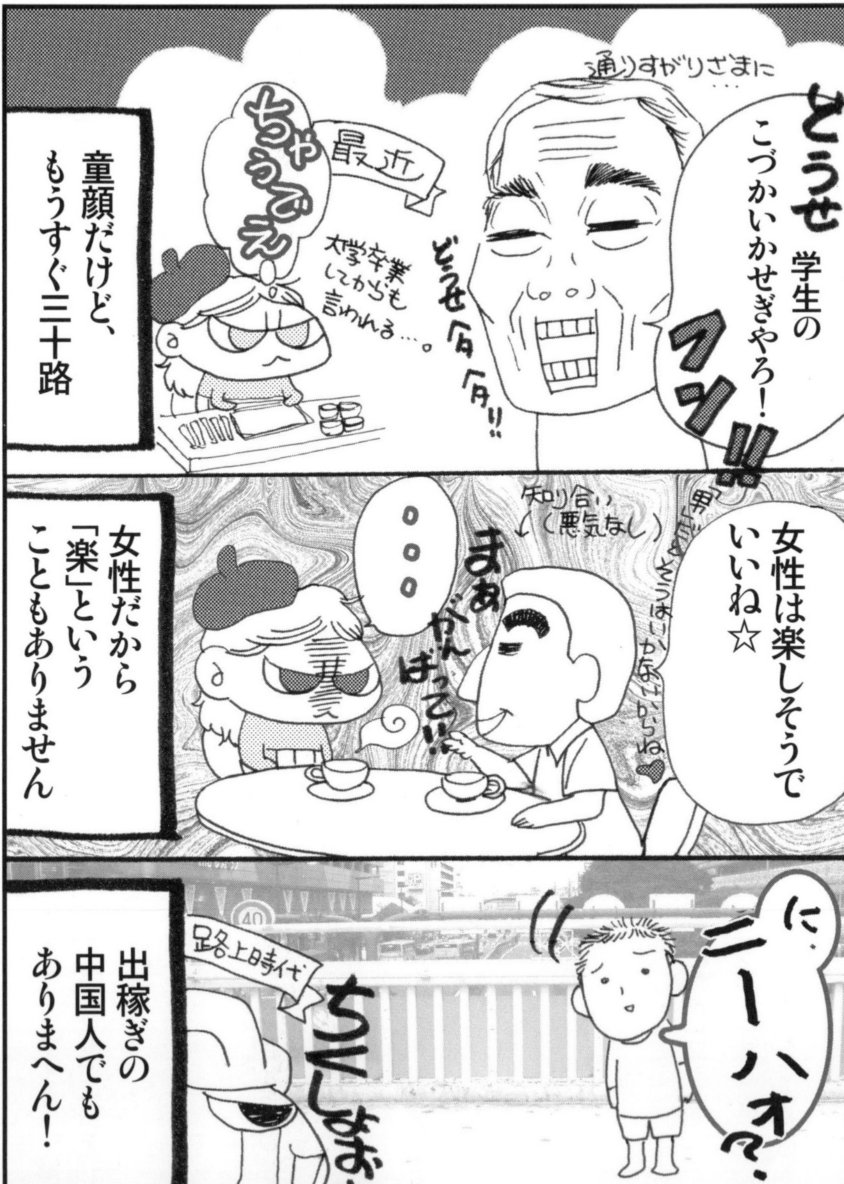
童顔だけど、もうすぐ三十路
最近
ちゃうでぇ
大学卒業してからも言われる…。
通りすがりざまに…
どうせ学生のこづかいかせぎやろ!
フン!!
どうせ〜〜!!
女性は楽しそうでいいね☆
男だとそうはいかないからね
知り合い(悪気なし)
・・・
まぁがんばってぇ!!
女性だから「楽」ということもありません
に、ニーハオ?
路上時代
ちくしょおおお
出稼ぎの中国人でもありまへん!

039

決めつける人

サトウは生粋の日本人。だけども見事にチャイニーズフェイスである。

高校時代に数少ない友人が、

「**あんたが教科書に載っている…っ！**」

と大爆笑しながら世界史の教科書を指さしたことがあった。

載っていたのは北京原人だった。

それから数年後、よもや子どもにまで「ニーハオ」と挨拶される日が来ようとは思ってもみなかった。もちろん日本でである。生粋の中国人に話しかけられ、私が中国語を話せないとわかるとビックリされたこともある。が、事実なのでもうネタにしてしまうほかない気でいる。

「説教され体質」と似た内容で恐縮だが、いろいろいちいち決めつける人が後を絶たない。**説教する人はムカつくが、決めつける人はとても疲れる**。それは同世代の同性の人からでも発信される。

「良いよねー！　サトウさんは自由に何でもできて。ちょー羨ましい」

どれほど不自由な人の発言かと思ってしまう。まぁ、基本的に決めつける人は否定というよりかはカンチガイに近い発言なのでムカつかない。

「そうかのう、まだまだできないことの方が多いんじゃがのう」と茶をすすってみると、

「そうだよー。あー私にも特技や夢があったらなあ…」

と、ため息をつくその女性。

……。途中からはグチに近い何かになっている。まあ、そういうサトウも白と黒を決めつけずにおれないタイプの人間なのであまり多くは語るまい。

とりあえず、**日本人だということさえ知ってくれれば**もうそれでよいことにする。

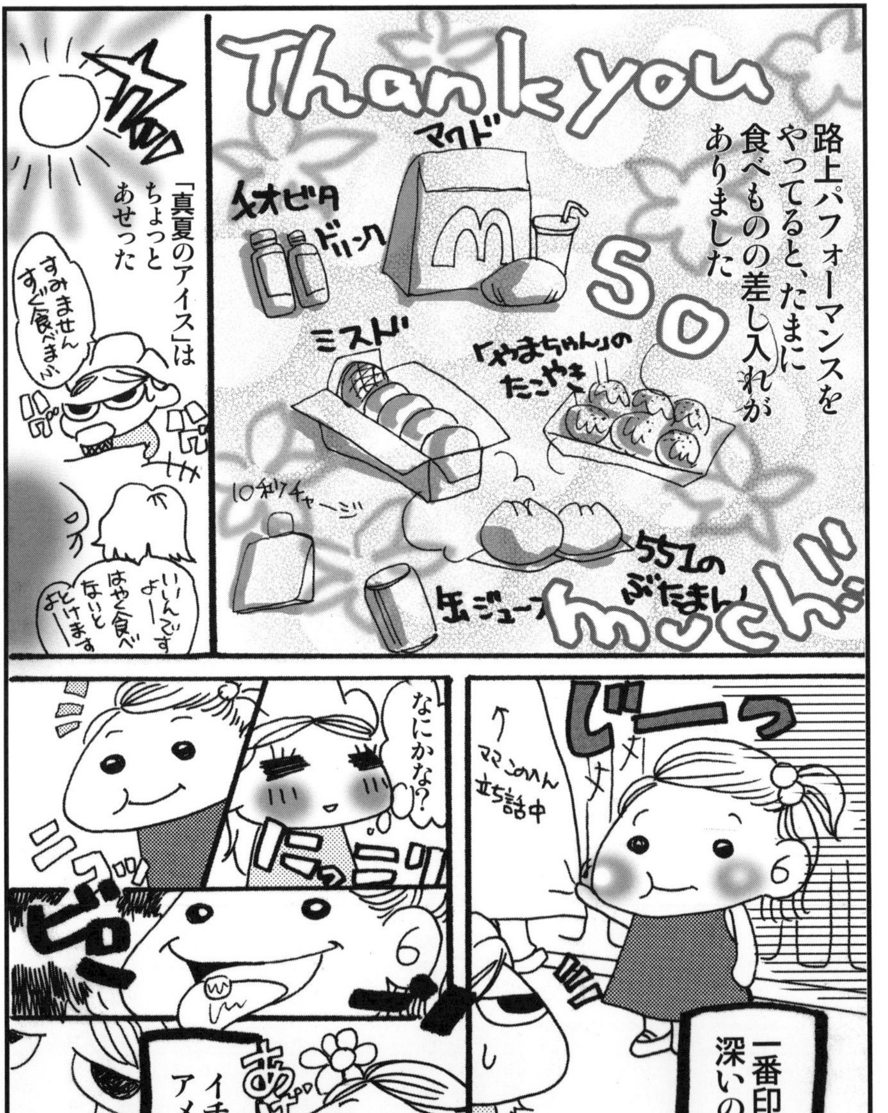

Thank you so much
路上パフォーマンスをやってると、たまに食べものの差し入れがありました
マクド
タオビタ ドリンク
ミスド
「やまちゃん」のたこやき
10秒チャージ
551のぶたまん
缶ジュース
「真夏のアイス」はちょっとあせった
すみません すぐ食べます
いいんですよー はやく食べないととけますよー
じーっ
ママこのへん 立ち話中
一番印象深いのが…
お客さん待ち
なにかな?
ニュラリ
ニコッ
ピロン
あげる
イチゴ味のアメでした

040

甘い思い出

貢ぎものは、ときたま気が重くなるけど、**差し入れはいつでもウェルカム！**　アメ一個でも、なんかうれしい。

大阪は「**なんかのときのために**」ってアメやガム、小さなスナック菓子をかばんに入れてる人が多い。小さいお子さんを連れてる人は、その子のための常備食なのだけど、食べさせるときは、

「うちの子だけに食べさせるのもアレだし」

と、ビスコとかをくれたりする。

普通に歩道橋で揺られていただけなのに、いきなりスーツ姿のおっちゃんに、

「チョコレートやるわ！」

と袋に入った数種類のチョコを手渡されたこともあったっけ。おそらくパチンコの景品。不要だからだれかにあげようという魂胆（さぼっているのがばれると困るとか？）。でも、「どうせやるなら、なんか頑張ってる若者にあげよう」という、**ちょっぴりとした応援の気持ちにサトウは感動する。**

冬になったら、あたたかい豚まんやたこ焼きのぬくもりが、心にもかじかんだ手にも伝わってきてじーんとする。

そういえば、一度ホームページの掲示板で、「差し入れは何がいいですか？」とわざわざ聞いて、それを持ってきてくれた人もいた。

「そんなに親切にされるいわれは…」とちょっとうろたえるくらいうれしかった。

ちなみにサトウがリクエストしたのは、

「**栄養ドリンク！　チオビタで!!**」**という色気もへったくれもないものでした。**

みなさま、その節は大変おいしゅうございました。**またください**（**まだもらう気か**）。

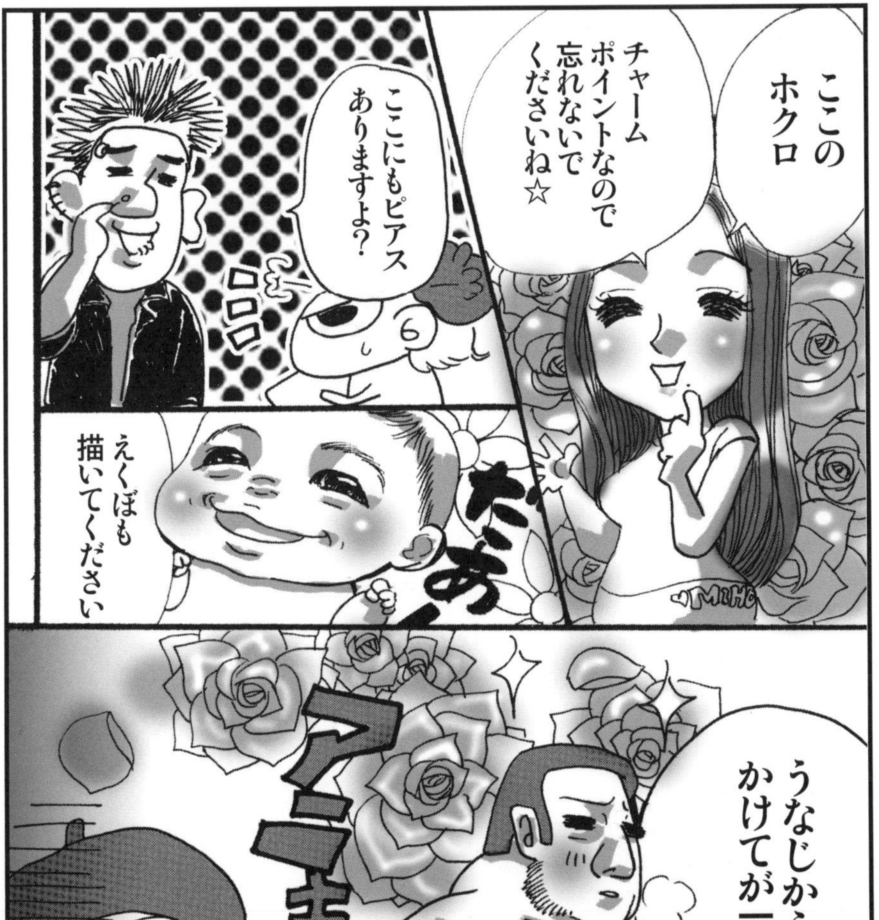
ここのホクロ
チャームポイントなので忘れないでくださいね☆
ここにもピアスありますよ？
えくぼも描いてください
うなじから背中にかけてが一番イイから

041

チャームポイント論

人の顔のドコが長所で、ドコが短所なのか、いまいちわからなくて苦労するときがあります。

サトウのほお骨（出ている）も、ある友人に言わせると、
「えー、そこがチャームポイントなのにー」……だそう。
ホクロも微妙だ。「描いてください」という人と「描かないでください」という人とおおよそ6対4の割合。たとえば、**鼻のてっぺんとかにホクロのある方もいらっしゃるのだけど、描いていいのか、悪いのか一瞬ためらってしまう。**
　とりあえずは描かないで、本人から指摘されれば描き加えるという方法をとっているけど、けっこう大きいホクロだったりすると無視するわけにもいかぬ～と頭の中がぐるんぐるんになる。
　お肌も微妙だ。ニキビや一過性の吹き出物なら描かずにいるのが正解だけど、もとからの病気だったりすると、やはり迷ってしまう。そこはもう、本題に触れず色々世間話などをして、その人の性格で判断するしかない。けっこうシリアスな問題なので、お気楽に構えてはいられないのだ。世の中には、
「でもわざわざ自分から似顔絵描きにきているんだから、平気でしょ」
　と思う人もいるかもしれないけど、
「似顔絵を描きに来ても平気な人しか来られないような、狭い世界で似顔絵を描きたくない」
という気持ちでいるので、簡単にはうなずけないのだ。**恋をすればアバタもえくぼと言いますが！**
気持ちの持ちようですね。

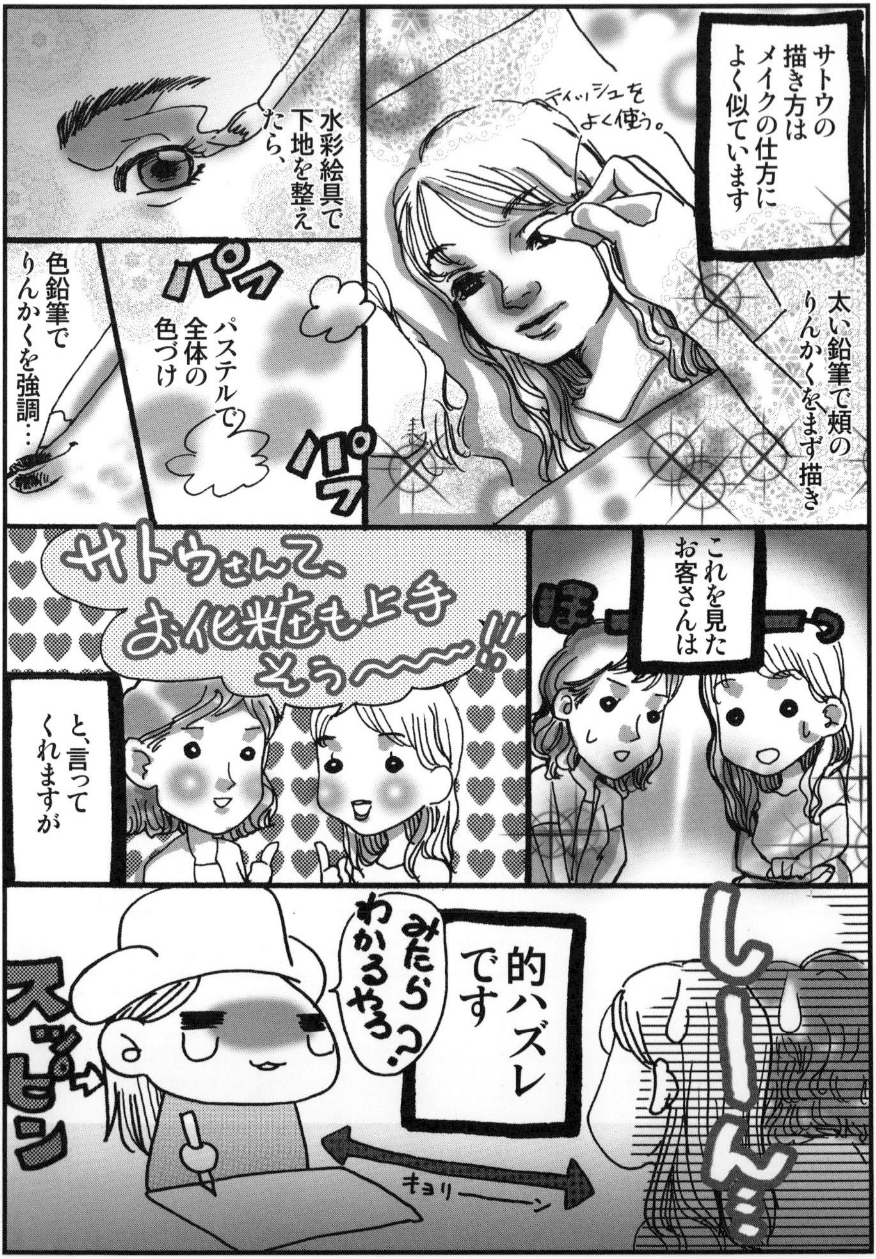
サトウの描き方はメイクの仕方によく似ています
ティッシュをよく使う。
太い鉛筆で頬のりんかくをまず描き
水彩絵具で下地を整えたら、
パステルで全体の色づけ
パフ
パフ
色鉛筆でりんかくを強調…
これを見たお客さんは
ほーっ
サトウさんて、お化粧も上手そう〜〜〜!!
と、言ってくれますが
的ハズレです
みたらわかるやろっ?
しーーーん…
スッピン
キョリーーーン

042

にがおえ師は化粧上手？

サトウはなんと23歳頃までほとんど化粧というものをしてこなかった。別にナチュラリストとか、そういうわけでなく、

「20代の女の子は化粧する必要なんてあらへん」

というおかんの言葉に呪われていたのである。明らかに北京原人顔のサトウなのに、

「化粧せんでも、じゅーぶんかわいいんやから！　化粧なんかしてぶさいくにせんといて！」

とも言われる始末。普通の家庭は、母親などに化粧の仕方などを教わるのかもしれないが、うちの場合は試しに自分で眉毛を描いてみたら、ぶっとくなってしまい、

「マジックで描いたの？」

と笑われたりして迫害された。

化粧に対する興味はあったけど、おかんの言霊はけっこうキツく、コスメカウンターなどに行き、大金を払ってファンデーションを買ってみても、どうも続かない。

「顔面にパステルで着彩するようなものなのに！」

サトウの日課は化粧水と日焼け止めをぬることだけにとどめられた。しかし、お客さんから、

「にがおえ師さんっていろんな顔を知っているし、カラーセンスもあるし、絶対お化粧とか上手そうだよねー」と無邪気に言われたとき、なんかすごく申しわけなく思った。

そのお客さんの前にいる私はスッピンなのに、見た目の年齢を考えて気を使ってくれたのだ。これがショックとなり、バイトのセンパイの華子さんに背中を押してもらいながら、サトウはやっと化粧をするようになった。**すると顔面が変わる、変わる！　一気に原人から現代人に進化した気分だ。**これからは化粧、頑張ります。

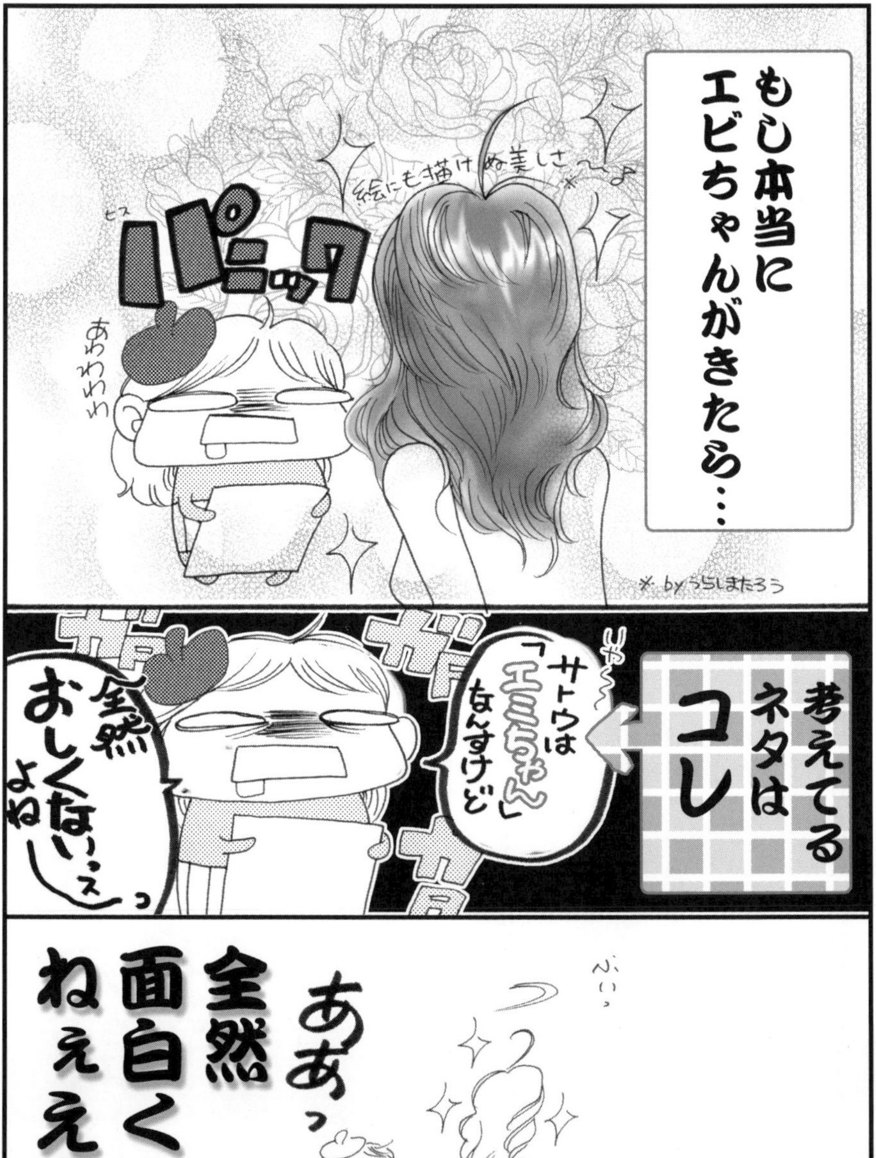
もし本当にエビちゃんがきたら…
絵にも描けぬ美しさ〜♪
※
ヒス
パニック
あわわわわ
※ byうらしまたろう
考えてるネタはコレ
いや〜
サトウは「エミちゃん」なんすけど
全然おしくないっスよね
ああっ
全然面白くねぇえー
ぷいっ

043

美人は描きにくい

たとえば、エビちゃんが目の前に来てみろ。
すんげー描きづらいよ。
『整いすぎてる顔は描きづらい！』というのが悲しいことに**真実なのさ…。**
まぁ、彼女は芸能人なので多少は誇張(こちょう)してもよいだろうから、それなりにそつなく描こうと思えば描けるだろう。
問題は一般人でエビちゃん級の美人が現れたときだ！（え？　いるの？　と思った人へ、います！　意外といます!!）
しかも、おとなしくって言葉も少なめな人だったとき！　あなたがにがおえ師だったらどうする!?という問題なのですよ！
元気ではつらつとした人ならば誇張してもよい。美人で活発な人は意外と多く、面白く描いてくれないとがっかりするという人も少なくない。**特に関西はそんな美人であふれている。**
しか〜し！　そうは言っても圧倒的に日本の女性は誇張が嫌いだ。とくにおとなしい人だと、誇張されて不満に思っても言い出せず、とりあえず部屋に飾るけど、引っ越しや模様替え(もようが)のときに捨てる……ということもあるらしく、にがおえ師にとって不本意な結果だけが残ることになる。
では、誇張を一切なくしたらどうなるかというと、**なんか顔が整いすぎてマンガみたいになっちゃうんですよ……。**少女マンガみたいに……。
「なんかタダの〝かわいい子の絵〟になっちゃいました…ははは」
と言いわけするのも情けない。
自他ともに認める美人の人はその辺のご理解とご協力をいただけますようお願い申し上げ奉ります。

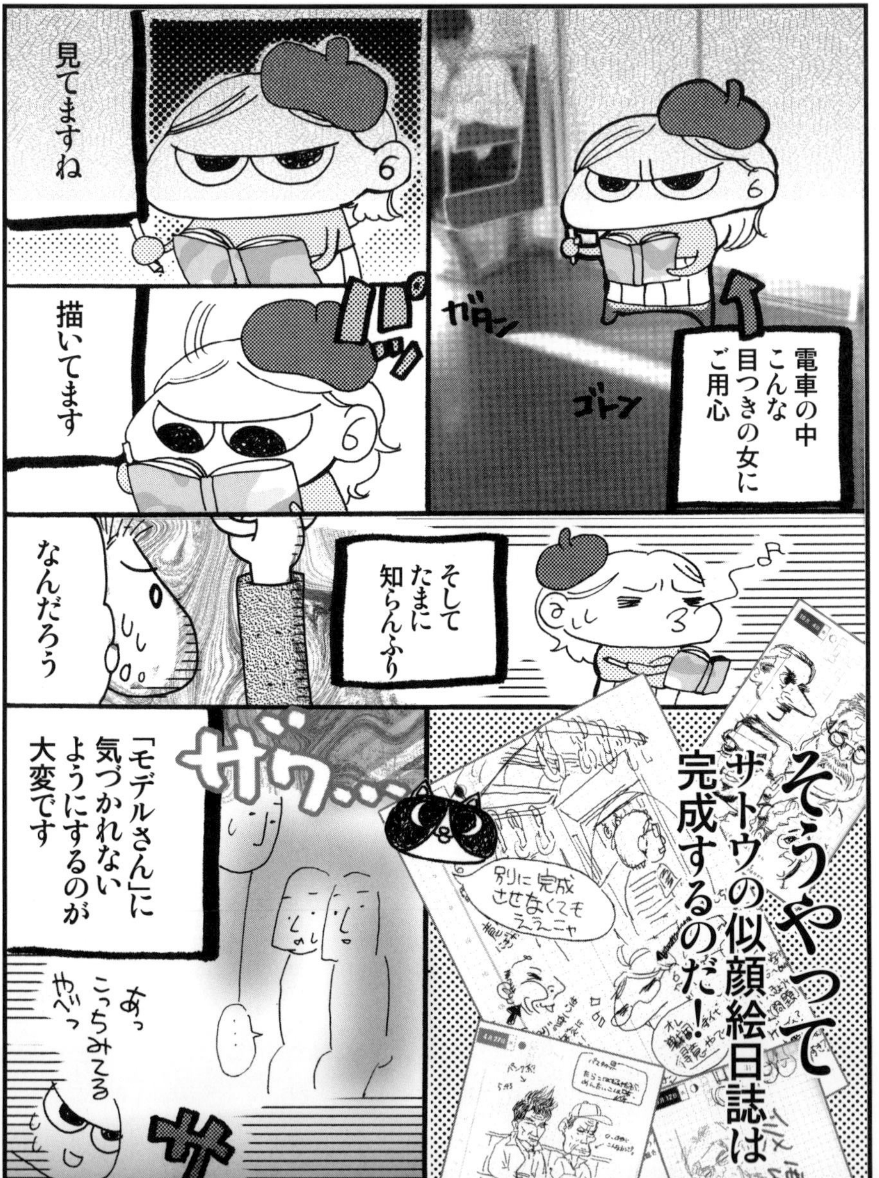
電車の中
こんな
目つきの女に
ご用心
ガタン
ゴトン
見てますね
パッ
描いてます
そして
たまに
知らんふり
なんだろう
そうやって
サトウの似顔絵日誌は
完成するのだ!
別に完成
させなくても
ええニャ
「モデルさん」に
気づかれない
ようにするのが
大変です
ザワ…
あっ
こっちみてる
やべっ
サッ

044

こんな女にご注意ください

電車の中は物語の宝庫である！

これは断言できる。まず、日常なのに非日常がそこにあるからとても面白い。「日常」はわかるけど、「非日常」がわかりにくいでしょうか。

毎日乗る電車だけど、なんの関係もない人たちが、年齢や職業もバラバラで、お互いがお互いを必要とせず（でも無視じゃない）、思い思いのことを無言で行なっている…そんな空間が非日常なかんじ（ほかにも「図書館」がそうだよね！）。

関係がない人にはコミュニケーションするのが難しい生活の中で、**電車に乗っている時間ってある意味、異次元な感触すらするのです**。

そんなん考えるのってサトウだけですかね？

とにかく電車の中の人たちの、無表情なようで表情豊かな「顔」を描くのが毎回の楽しみになっている。頼んでもいないのに、10分ぐらい静止しててくれるからとてもスケッチしやすいというのもある。

ただ、本人に気づかれずに描くというのがけっこう難しいんだ。

自分から描いてと言ってきてくれた人には遠慮（えんりょ）なくジロジロと顔を見ることができるけど、そうじゃない場合はイヤな気分になる人だっているだろう。

頑張って「こっそり」と描く私の「電車似顔絵」。

冷や汗をかきつつも、よい作品が毎日のように出来上がってくるから楽しい。その表情からにじみ出る物語を想像してはニヤニヤする。私の手帳はそんな作品でいっぱいだ！

みなさんも機会があったら、ゼヒやってみてください！　意外な物語を発見するかも！

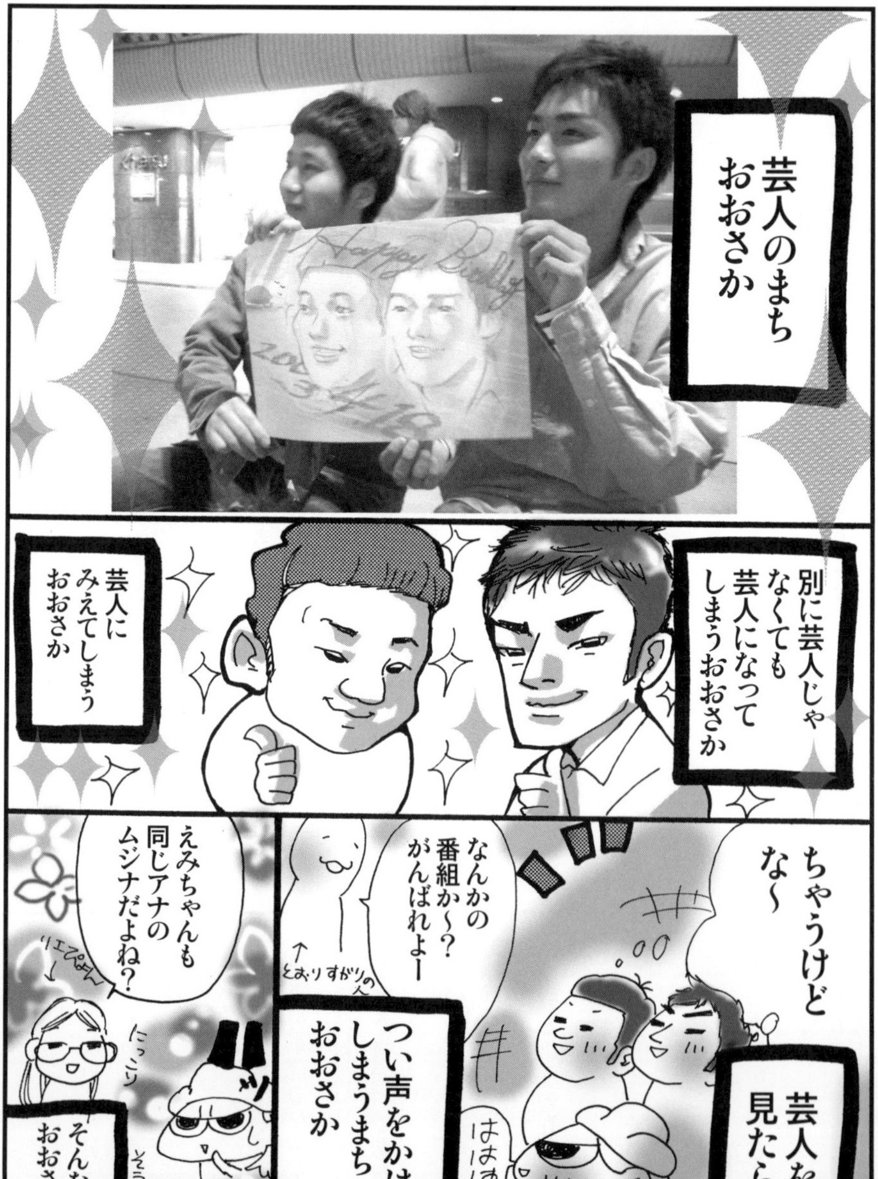
芸人のまち
おおさか
別に芸人じゃなくても芸人になってしまうおおさか
芸人にみえてしまうおおさか
芸人を見たら
ちゃうけどな～
なんかの番組か～？がんばれよー
↑とおりすがりの人
つい声をかけてしまうまちおおさか
えみちゃんも同じアナのムジナだよね？
リエぴょん
にっこり
そうかも
そんなまちおおさか

045

大阪のルール

大阪はある意味、「よしもとの国」といってもいいような気がする。心斎橋あたりにいると、テレビの芸人よりも芸人っぽい人がたくさんいるので、本物と素人の区別がつきにくい。素人なのに本物以上に面白くしゃべる人もいるし。

そして、「芸人をみたら応援しよう！」という空気もある。四国の巡礼の人（お遍路さん）が地元の人に親切にされてるように、**大阪では「芸人っぽい人を応援しよう、応援はしなくても迫害はしない」という絶対的なルールがある**。

酒が飲めないサトウが一時期通っていたバーの店長がいる。丸刈りでひげ面、声も特徴的でいつも着ている服装がオーバーオールという30代半ばくらいの男性だが、その人は外に出るたびに、「おう、今度はどの番組に出るんや？」と声をかけられるという。

「どの番組にも出てへんちゅうねん！」とその男性はキレているが、そんな風貌ではそう言われても仕方がないだろう。

サトウが似顔絵を描いていても、やはり応援される。**やはり芸人を応援するノリで、応援される**。たまに10円をくれたりもする。それは芸人というか、ホームレスに近い扱いだとは思うけど、ありがたく受け取ることにしている。

そこに芸人っぽい人がお客さんで来たりすると、ちょっとあたりは騒然となる。

「な、なんや、なんかの撮影か？」と聞かれたりするのだ。一人たりとも芸能人などいないのに。

「隠しカメラか？」……隠してないよ。「いつ放送や？」……リアルタイムだよ！「なんチャンネルや？」……知らねえよ！

これも、ま、大阪に住むための義務と責任かもねー。

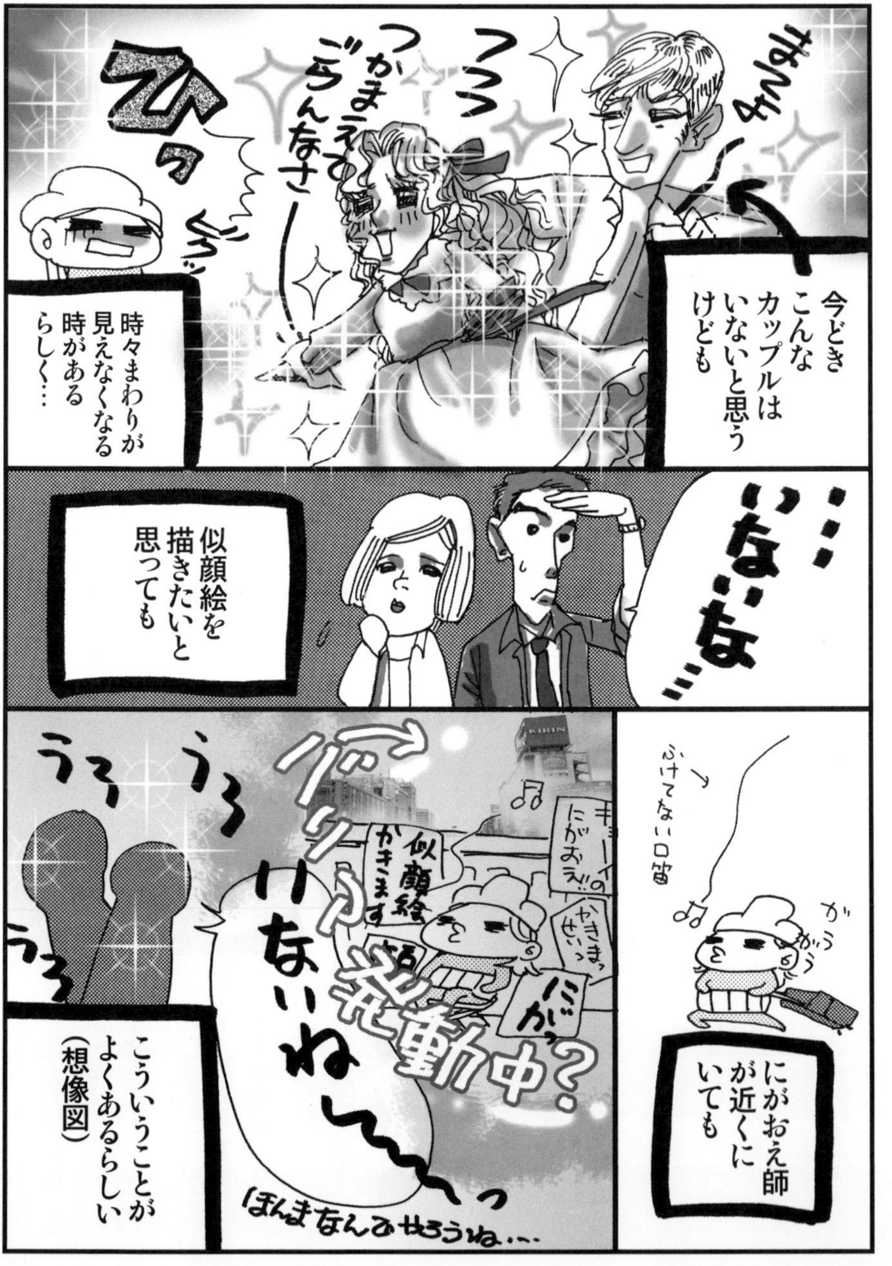
まんまち〜
今どきこんなカップルはいないと思うけども
つつつかまえてごらんなさ〜い
ひっ
時々まわりが見えなくなる時があるらしく…
…いないな…
似顔絵を描きたいと思っても
にがおえ師が近くにいても
ふけてない口笛
似顔絵かきます
にがおえ!!の
にがっ
発動中?
いないね〜〜っ
ほんまなんでやろうね…
うろうろ
こういうことがよくあるらしい（想像図）

046

探すといないにがおえ師

他の地域のことはあんまり知らないけど、大阪でにがおえ師を探そうとすると案外てこずるという話を聞いた。
「…よく、道ばたで見かけるんだけど…」
そう思って、いざというときに探してみるといない。ピンポイントでいない。「**必要ないときは、ホント、うっとぉしいほどおるねんけどなぁ…**」そう言って、わざわざ東京まで出かけて描いてもらったという人までいたほどだ。
「でも、いたんですね」
そうです、います。そんなお客さんが少なからずいることは、やっぱり悲しい。
「心斎橋に夜行ったら、いっぱいそんなんおるねんけどなあ」
「フェスティバルゲートにもいるらしいですよ…」
「あと、神戸の三ノ宮にも…」
全部で4カ所しかないやん…。しかも、いつもいるとは限らないというバクチ的な要素たっぷり。だったら、観光のついでに東京のにがおえ師さんに描いてもらいたくなるよなあ。東京には東京タワーとかサンシャイン60とか必ず描いてもらえる場所というのがたくさんあるのだ。
そんな事実がサトウはとても悔しい。別に東京を敵視してるわけじゃないが、大阪だってそこそこでかい都市で観光地だというのに、この差は一体なんだという気分になるのである。
だったらば！　と、似顔絵を描きながら絵が好きそうな子どもを見つけては、「**ぼっちゃん、にがおえ師にならへん？**」**と聞くクセがついた**。
1万人くらいに話しかけたら、10人くらいは興味をもってくれるだろう。

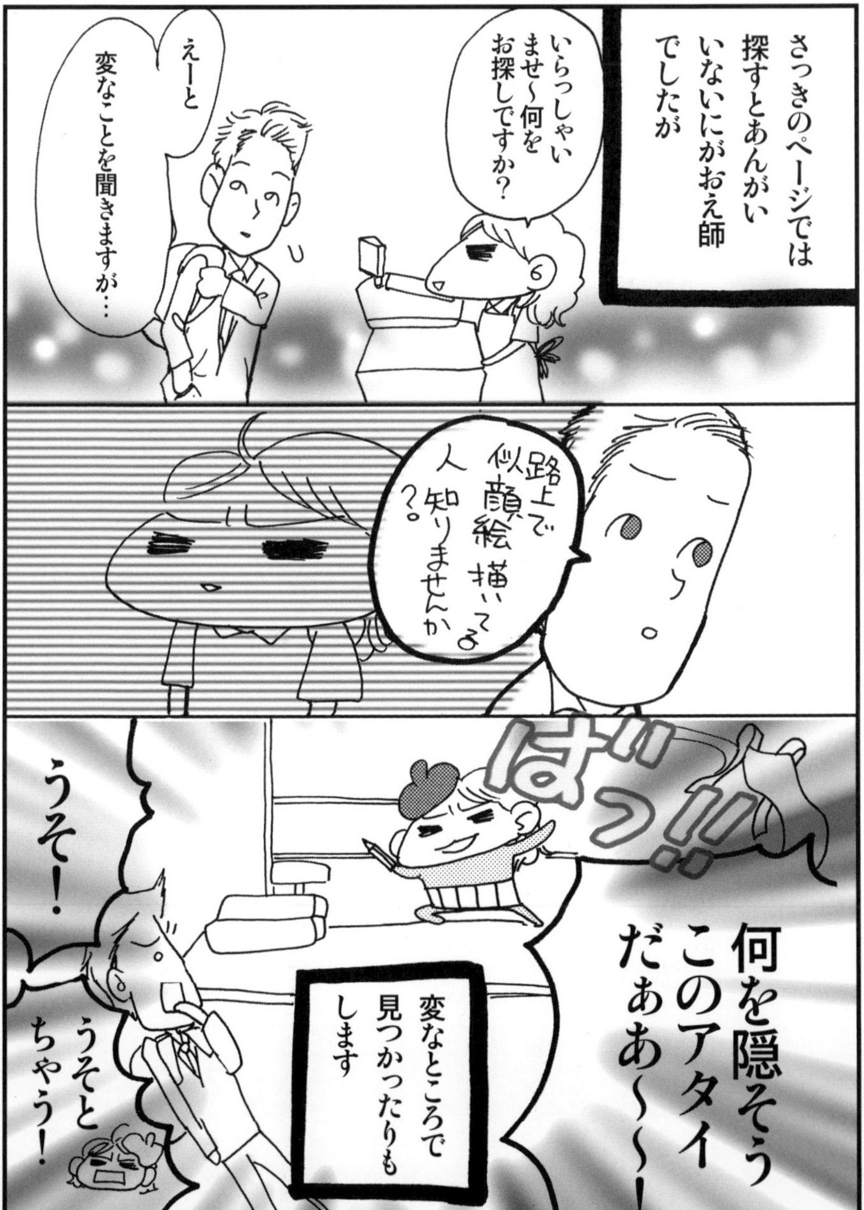
さっきのページでは探すとあんがいいないにがおえ師でしたが
いらっしゃいませ~何をお探しですか?
えーと変なことを聞きますが…
路上で似顔絵描いてる人知りませんか?
ばっ!!
何を隠そうこのアタイだあ~~!
うそ!
変なところで見つかったりもします
うそとちゃう!

047

意外と見つかるにがおえ師

これのひとつ前に、**『大阪のにがおえ師はいざ探すといない』**という話をした。

そういった現象がサトウに伝わるのは人伝えだったり、何度も歩道橋に足を運んでサトウを捕まえてくれたお客さんの口から聞かされることが多いのだが、3回くらい歩道橋以外の場所で、にがおえ師を探している人に出会ったことがある。

それはバイト先の画材屋での出来事だった（サトウさんは大学卒業後2年間資金のためにバイトもしていたのだ。おかげで週休が一日もなかったのだ。ははは）。キョロキョロと何かを探しているふうのお客さんがいたので、素直に、

「何をお探しですか？」と聞いたら、

「**似顔絵を描いてくれる人を探しているんです**」

と答えたので、心の底からビックリ。

探している人にとっては『絵を描く道具が売っているところなら、にがおえ師さんの居所を知っているに違いない』という気持ちで訪問しているのであろう。

が、よもや目の前にいる店員がにがおえ師だとは思うまいて！　ちゅーか、どう切り出せばよいのか、ビックリしててわからん……ということが、3回。画材屋の他の店員さんも似たような質問を受けたことがあったようで、それを合わせると10回くらい。いやはや、これで探している人にはにがおえ師の居場所はわかりにくく、同時に、実はひょんなところにいたりすることがわかりますよね…。

「**実は…私なんです！**」

と言ったときのあの気まずさは、絵にも描けぬここちの悪さでしたよ。

048

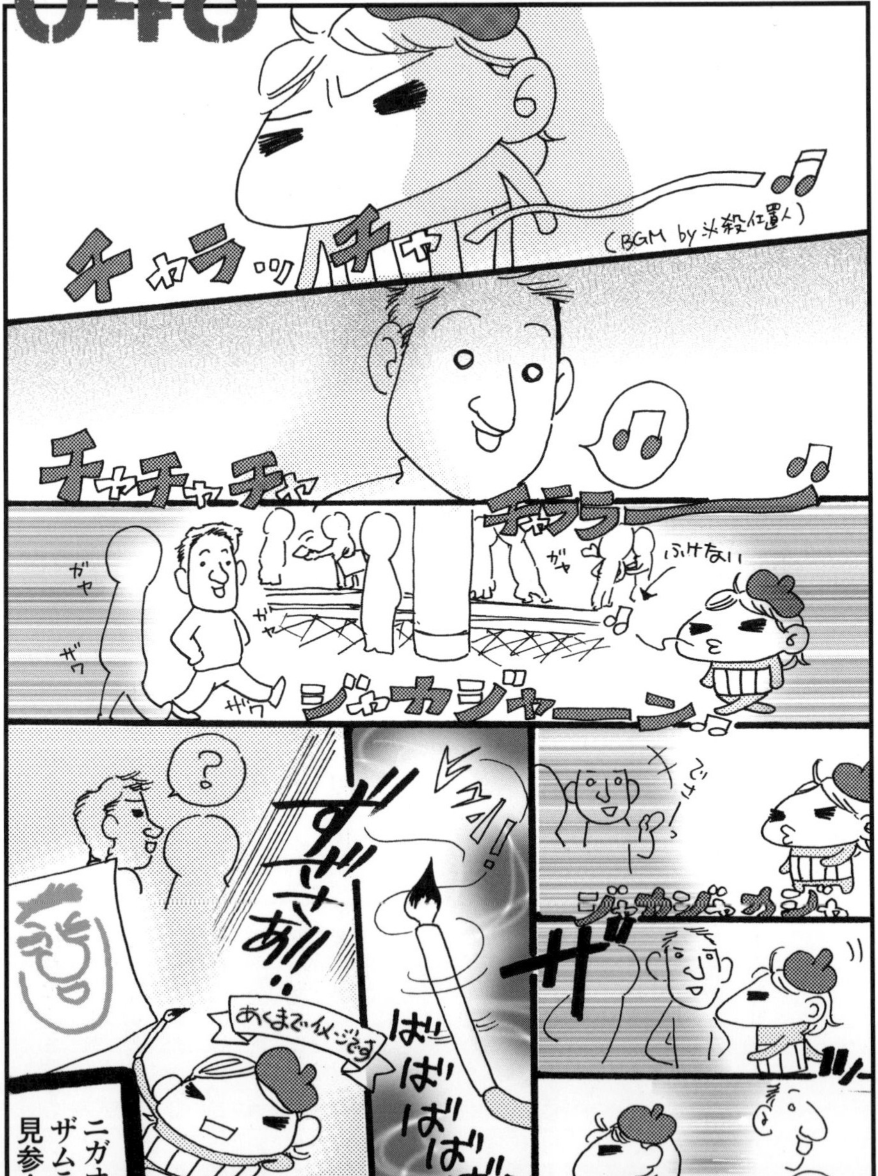
チャラッ チャ
(BGM by 必殺仕置人)
チャチャチャ チャ
チャラララー
ガヤ
ザワ
ふけない
ジャカジャーン
?
ずざざあ!!
ばばばば!!!
あくまでイメージです
ニガオエザムライ見参!
ジャカジャカジャ
ザ
ジャカジャーン

似顔絵辻斬り

サトウは「似顔絵辻斬り」というのをよくやります。

駅構内や交差点などの人通りの多い場所（辻）で、すれ違う人の似顔絵を瞬時に脳で描くのです。

一方的に私の都合だけで行なうところが「辻斬り」の醍醐味。すれ違いざまの、一瞬にかける緊張感の中、

ええ、ホントのところは、時代劇好きのサトウにとっては、「辻斬り」っていう言葉を使いたいだけなんですけどね……。

方法は簡単。まず、その人の顔を見て、脳ミソで顔を簡略化。そして、特徴のある部分をどの辺りまで強調するかを考えて、**目をつむりイメージできたら、目を開けてもう一度顔をくわっと見る。**

そんだけ。

大阪の路上では、よくぶつかってくる人と遭遇もしちゃうけど、そんな失礼な人の似顔絵には鼻の下の二本の筋をくっきり描いてやって、似てるけど気持ち悪い似顔絵にしてやります。これでイライラも解消！

はっきり言ってアホです。はっきり言ってアホやけど（二度も言う）、真面目に似顔絵を描きたいなーと思っている人には、「似顔絵辻斬り」は最高の修行にもなります。

あと、このわざは、今ちまたで大流行りの脳を鍛える訓練にもなります。さらに慣れてくると、かまいたちのように、すれ違う人を連続して描き続けるという、「似顔絵かまいたち」（これも結局「かまいたち」っていう言葉を使ってみたいだけ）など、究極の奥義をくりだすことも可能です。

20メートル歩く間に何人を「描き斬る」ことができるのか…。

日々修行のサトウです。

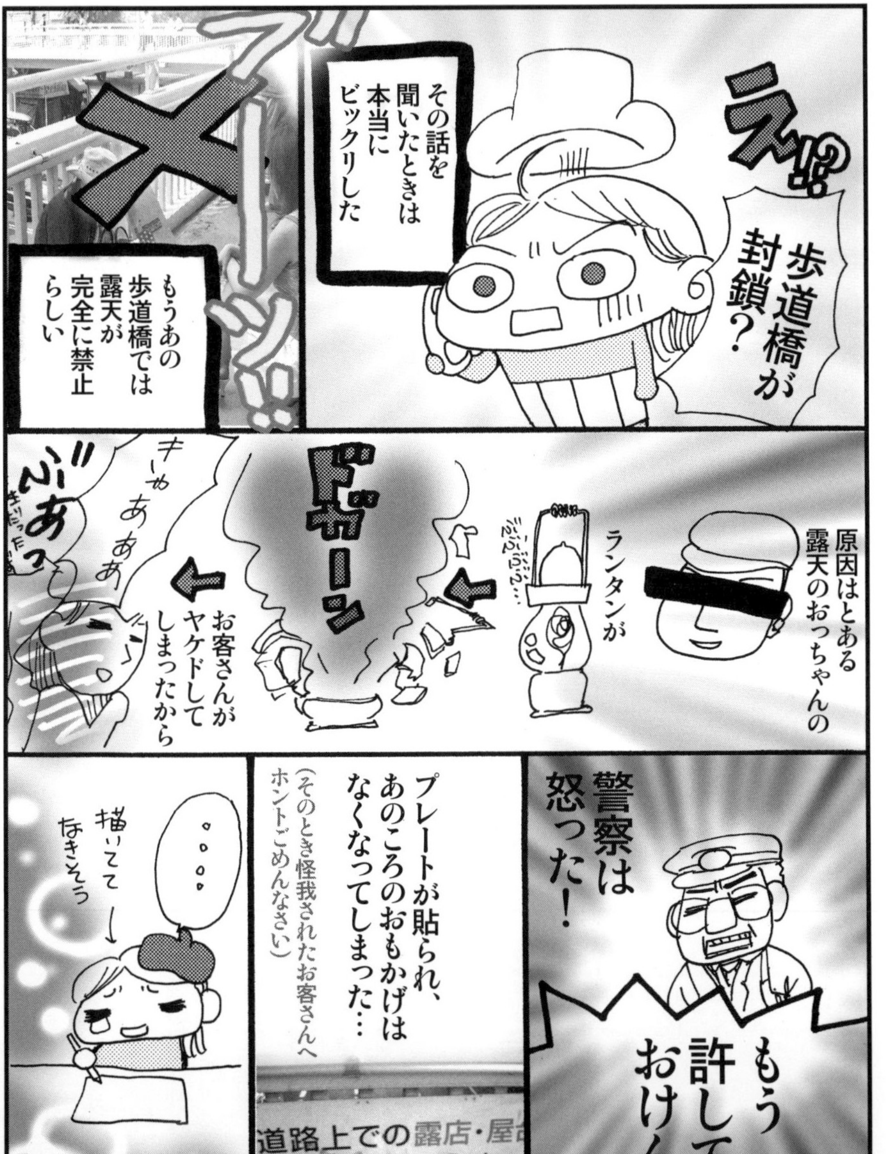
ええ!?
歩道橋が封鎖？
その話を聞いたときは本当にビックリした
もうあの歩道橋では露天が完全に禁止らしい
ブーッ!!
原因はとあるおっちゃんの露天の
ランタンが
ドガーン
お客さんがヤケドしてしまったから
ぎゃあああ
ぶあっ
警察は怒った！
もう許してはおけん！
プレートが貼られ、あのころのおもかげはなくなってしまった…
(そのとき怪我されたお客さんへホントごめんなさい)
道路上での露店・屋
営業を禁止します。
大阪市建設局
大阪府阿倍野警察署
・・・。
描いてて なきそう

049

歩道橋が封鎖された！

何から話せばよいのやら。
ともかくタイトルにあるように、今や天王寺のあの歩道橋は「完全に」露店とかパフォーマンスとかできなくなっている。
とても、悲しい。今でも、悲しい。そして、恥ずかしい。

……なぜなら、封鎖のウワサを聞いた3日後、サトウはしょうこりもなく歩道橋に座って、警察の人を本気で怒らせてしまい、天王寺フープ前の交番に半強制的に連れて行かれたからだ！
連れて行かれるとき、近鉄あべの橋駅は騒然となった。警察官が二人がかりで小さな女の子を引きずるサマは異様もいいところだったと思う。

後日、目撃者から聞いた話によると、
「MEN IN BLACK」が宇宙人を連行しているように見えた！……らしい。
交番の中でサトウは話もできないくらい泣きじゃくり、ずいぶんと長くその交番にいた。時計を何度も見たのに時間を正確に覚えていないのはなぜだろうか。交番の外から物珍しげに人がサトウと警官を見てゆくので、サトウは交番の二階に通された。普段は仮眠をとるのに使ったりする部屋は畳が敷かれてあって、サトウは三角座りをしながらずっと畳の目を数えていた。
男の警官だとサトウが泣きまくるので、柔和な婦警さんが投入され、
「**じゃぁ、これから私のヒミツを教えるから、あなたのヒミツも教えてね☆**」
と、なんだかわからないヒミツのトークが始まった。
内容はヒミツなので書けない。ともかく、もうあの歩道橋で似顔絵が描けないということだった。

サトウがにがおえ師になったわけ

子どもの頃の環境を、心理学など勉強している人に話すと、
「**それは興味深い！　もっと本格的に分析させてくれ！**」などと言われてしまうサトウですよ。
あまりそういうのに詳しくない人でも、
「暴力をふるわれて育った女性は、自分の子どもにも暴力をふるうそうだね…」と暗ーい顔で言われます。しーん。
と、まあ、そんな言葉が出るような家庭環境だったのですよ。今は家族全員とっても穏やかになりましたが、**下手をすればだれか死んでました。ははは。**
あまりホメられもせず、スキンシップもなく。小学校低学年の頃、座ってテレビを見ているおとんの背中に戯れに抱きついてみたことがあるのですが、一言ドスの聞いた声で、
「**のけ**」
と、追い払われたこともありましたっけ。ちょっとあんまりだよなー？
おかんはどちらかというと過保護なタイプではあったけど、無添加無着色の天然者だったので、何かができてほめるというよりは自分で妄想がはじまってしまい、
「もしこの子が医者になったら、（家計が）助かるのになあ…」
と暴走しだすのだ。
「うふふふふ」
うふふ、じゃあらへんがな！

ホメて育てよ！　などという考えがまるっきりなかった、あの頃。他人の方が無責任にサトウをホメル、ということの方が多かった。

否定されまくる家庭環境で、それでも負けん気が強かったサトウは他人がくれた言葉をたよりに今日まで絵を描いてきたと言っても過言ではない。

そのサトウが今は他人がいないといけない似顔絵を描いているのはある意味予定調和っていうか、当然というか、よくわかんないけどうまくできてるな、と思う。あるいは〝選択肢がそれしかなかった〟とでもいおうか。

現実から逃げることが、現実だった。

そういうこともある。

サトウはたまたま小さな頃に「絵がうまいね」と言われて有頂天（うちょうてん）になり、そのままハタチを過ぎた。

サトウの人生をドラマティックだと形容する人もいるけど、サトウはそういってくれる人たちがいないと生きてもいけない。

天王寺はよい場所だ。

人が多すぎず、少なすぎず、行き交（か）う人の一つ一つの顔が見える。

歩道橋はよい場所だ。

幅が広すぎず、狭すぎず、行き交う人と心地よい距離が保てる。

きっとここで似顔絵を描きはじめたのは、それしか選択肢がなかった、それだけのことだと思う。

ドラマよりもドラマティックな現実が、ただそこにあるだけなのだった。

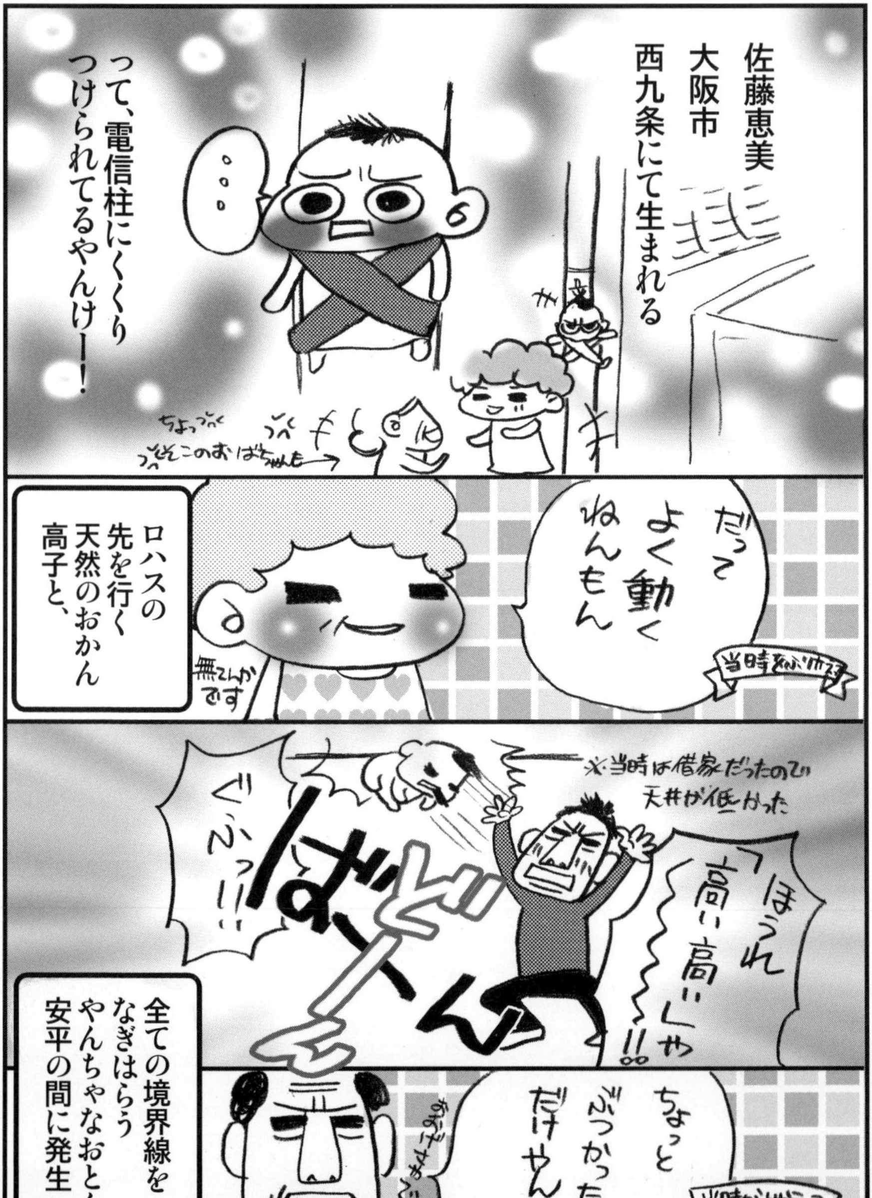

佐藤恵美
大阪市
西九条にて生まれる
…
って、電信柱にくくりつけられてるやんけー！
ちょっ つべく
つべ
そこのおばちゃんも→
だって よく動くねんもん
当時をふりかえって
ロハスの先を行く天然のおかん高子と、
無てんかです
※当時は借家だったので天井が低かった
「ほうれ 高い高いじゃ〜!!
ばどーん
ぐふっ!!!
ちょっと ぶつかっただけやん
当時をふりかえって
全ての境界線をなぎはらうやんちゃなおとん安平の間に発生

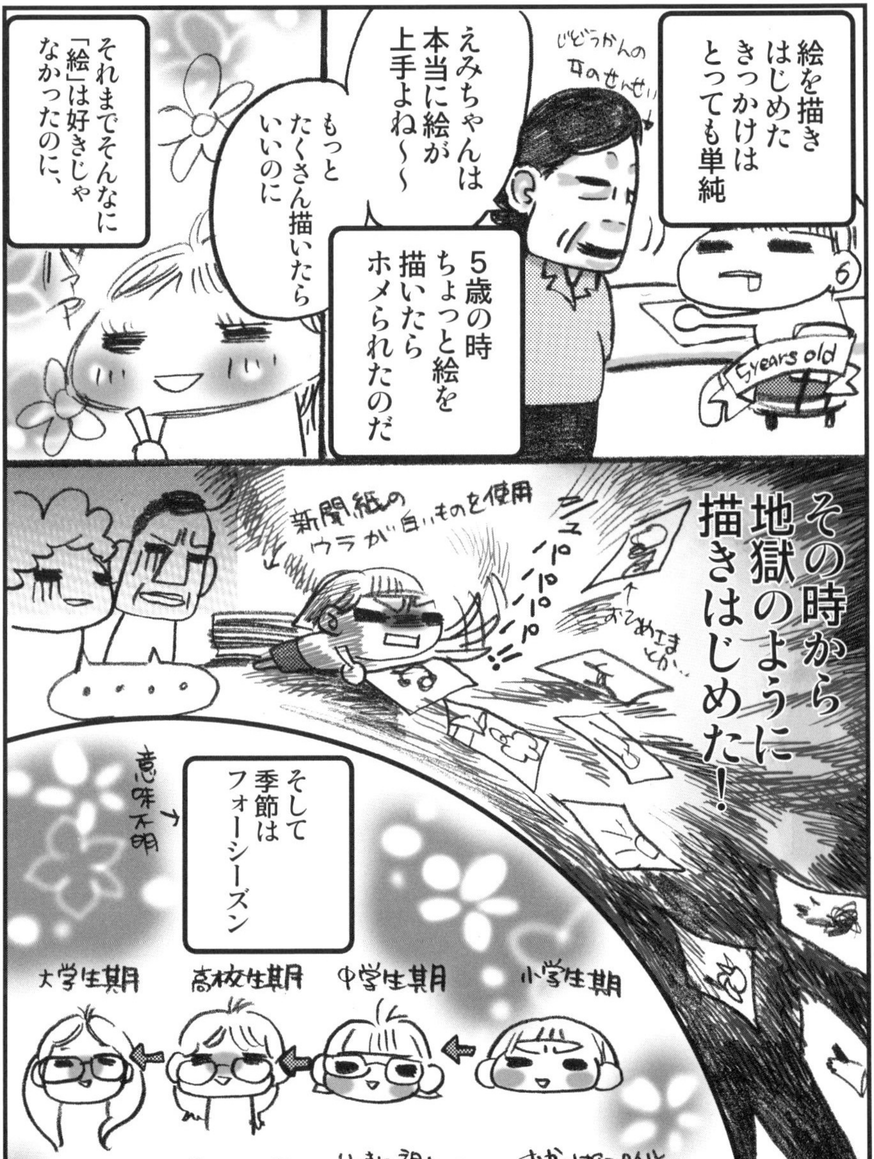
絵を描きはじめたきっかけはとっても単純
じどうかんの女のせんせい
えみちゃんは本当に絵が上手よね〜〜
もっとたくさん描いたらいいのに
5years old
5歳の時ちょっと絵を描いたらホメられたのだ
それまでそんなに「絵」は好きじゃなかったのに、
その時から地獄のように描きはじめた！
シュパパパパパ
新聞紙のウラが白いものを使用
おひめさまとか…
・・・・
そして季節はフォーシーズン
意味不明
小学生期
おかっぱスタイル あだなが"えみがっぱ"
いじめ?
中学生期
いっきに視力が悪くなる
高校生期
髪をのばしはじめる
大学生期
超ロング

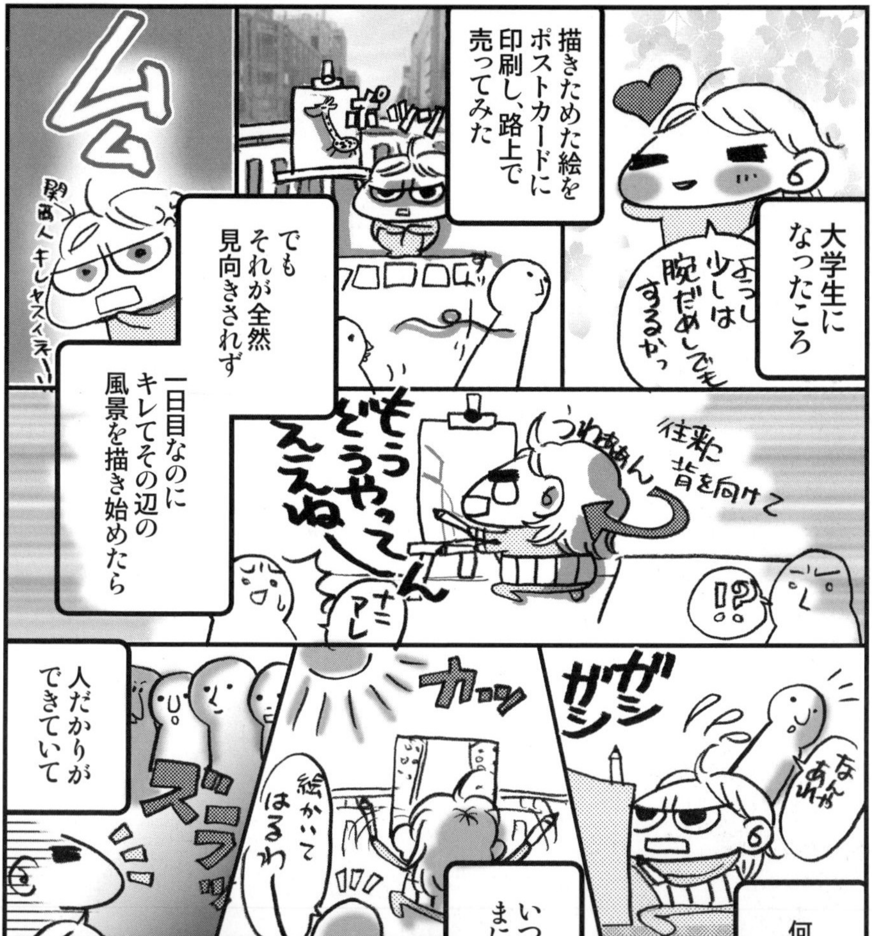
大学生になったころ
よっし 少しは腕だめしでもするかっ
描きためた絵をポストカードに印刷し、路上で売ってみた
でもそれが全然見向きされず
ム
往来に背を向けて
もうどうやってんええねん
一日目なのにキレてその辺の風景を描き始めたら
!?
何故か
ガシガシ
カッ
絵かいてはるわ
いつのまにか
人だかりができていて
ボーゼン
ザワザワ
ねーちゃん上手やねぇ
その中のおっちゃんが話しかけてきた
アレか? 似顔絵とかも描けるんか?

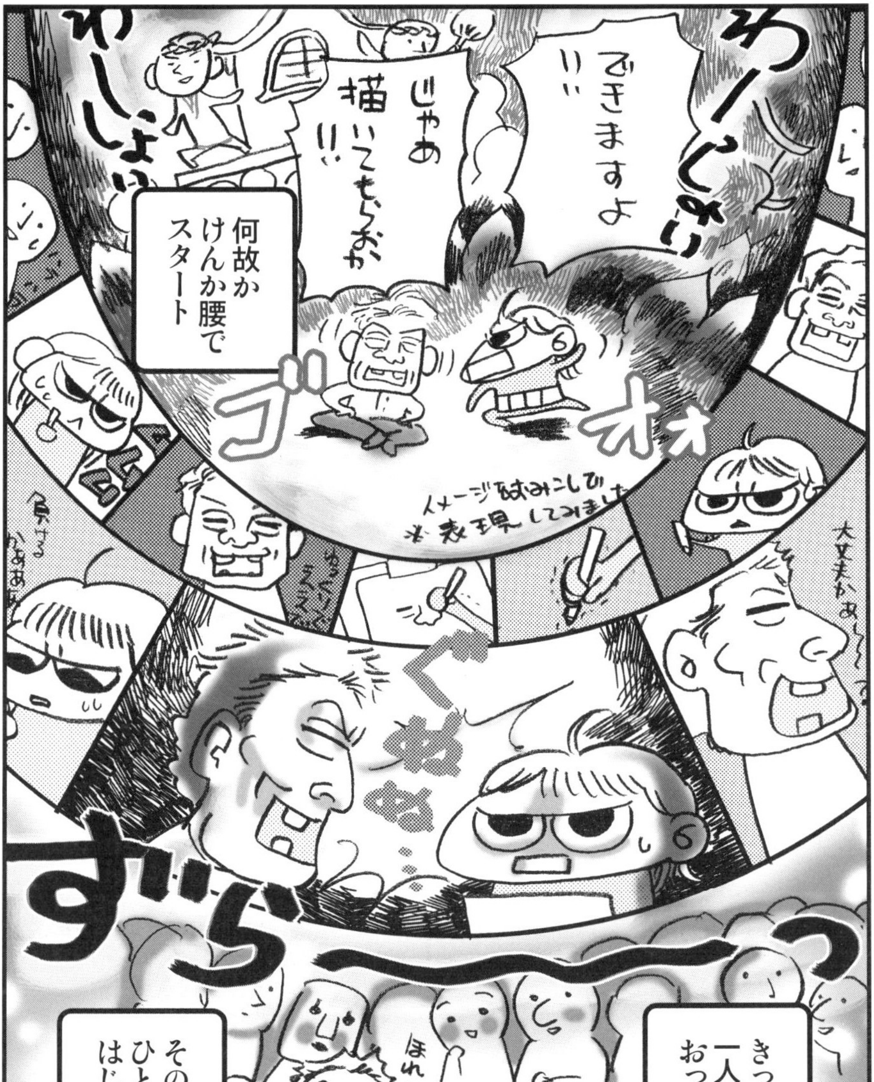
わ〜しょい
できますよ!!
じゃあ描いてもらおか!!
わっしょい
何故かけんか腰でスタート
ブオォ
ぐぬぬ
ずらーーーっ
きっかけは一人のおっちゃん
ほれがんばれ!!
その人のひとことからはじまった

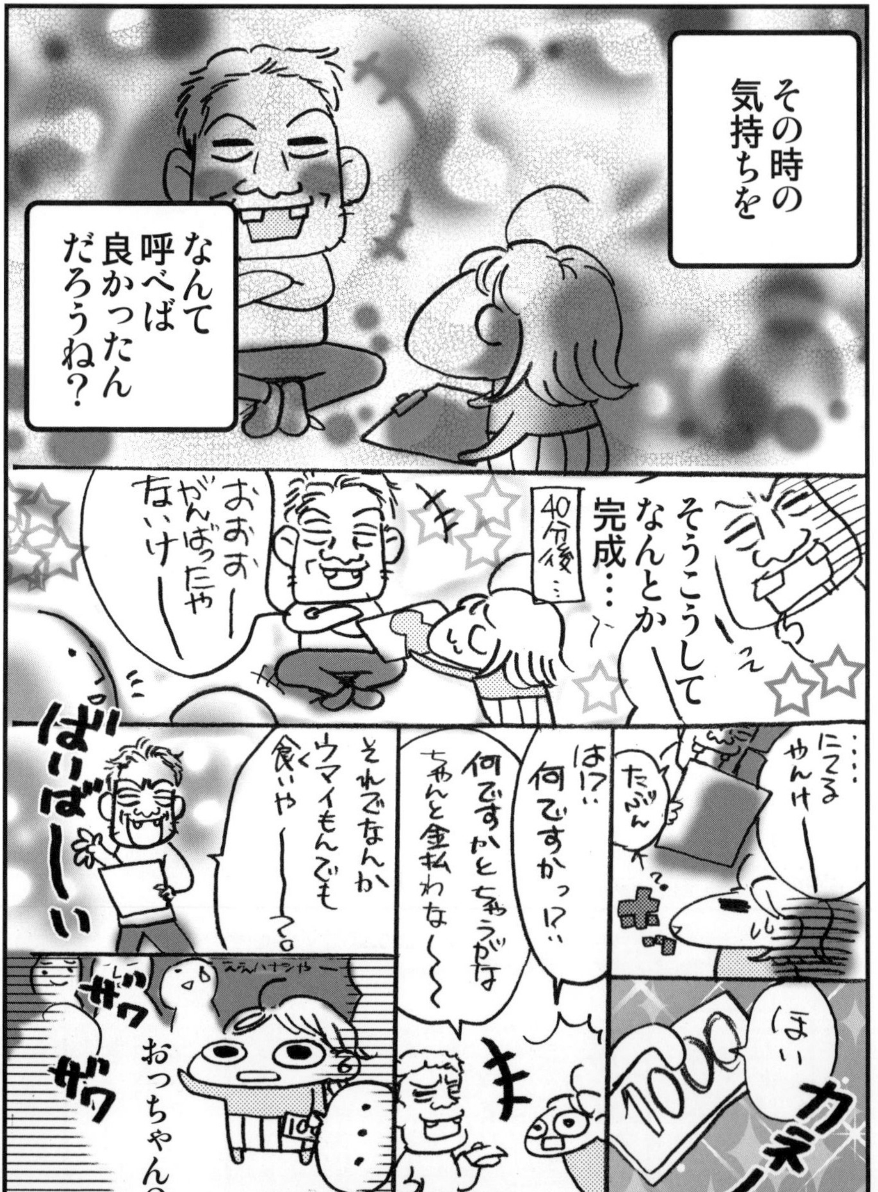
その時の気持ちを
なんて呼べば良かったんだろうね？
そうこうしてなんとか完成・・・
40分後・・・
おおおーがんばったやないけー
・・・にてるやんけー
たぶん
は!?い 何ですかっ!?い
何ですかとちゃうがなちゃんと金払わな～～
それでなんかウマイもんでも食いやーーって。
ほい
1000
カネーン
ザワ
ザワ
おっちゃん？
・・・

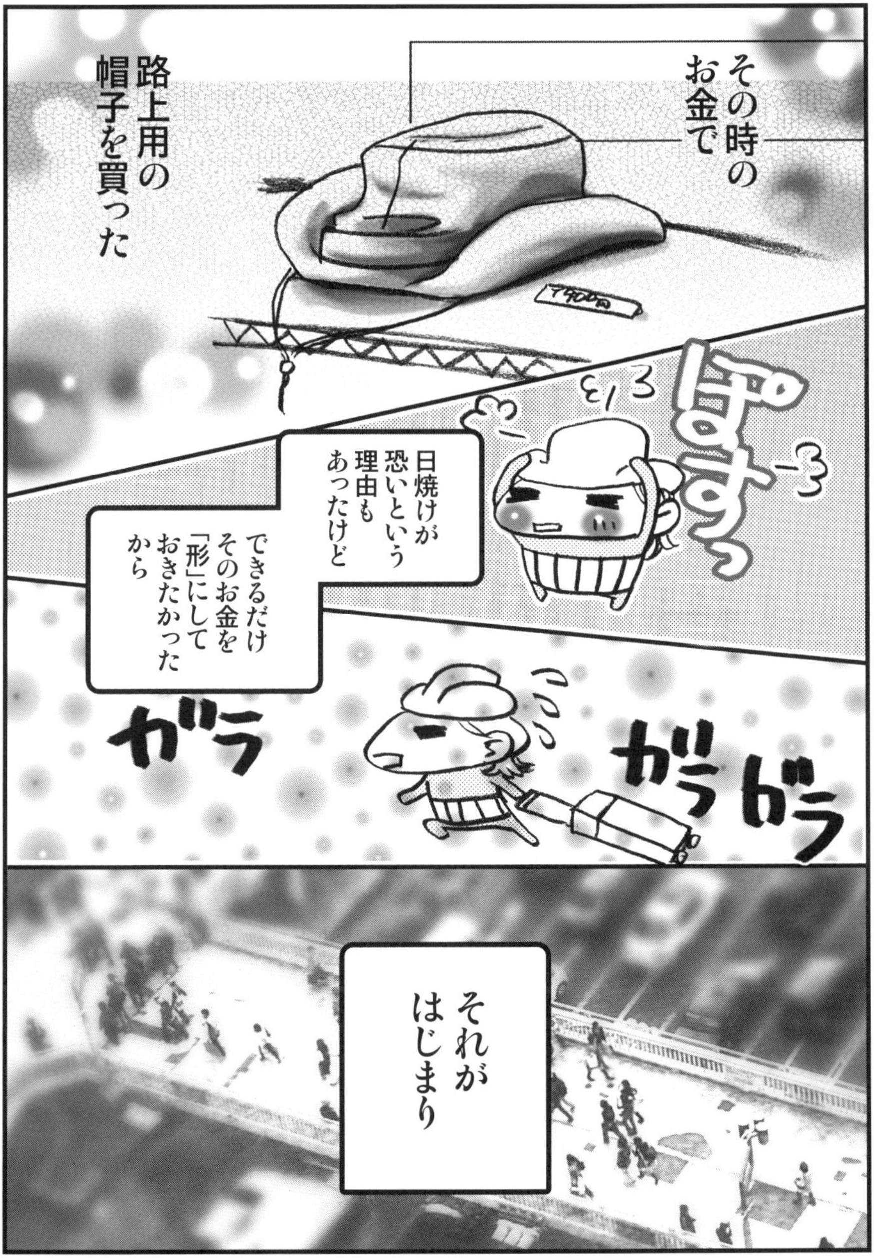
その時の
お金で
路上用の
帽子を買った
ぽすっ
日焼けが
恐いという
理由も
あったけど
できるだけ
そのお金を
「形」にして
おきたかった
から
ガラガラ
ガラ
それが
はじまり

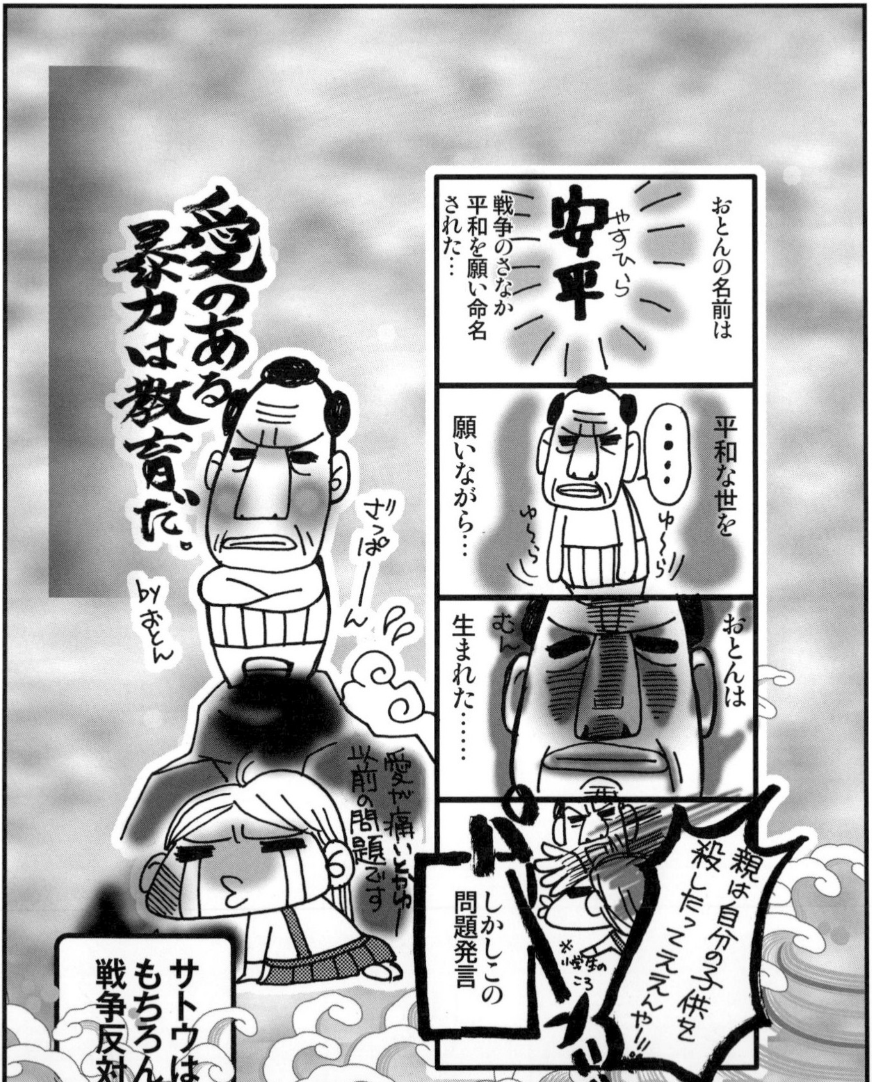
おとんの名前は
安平
やすひら
戦争のさなか平和を願い命名された…
平和な世を
願いながら…
・・・
ゆ〜ら
ゆら〜ら
おとんは
生まれた……
むん
しかしこの問題発言
親は自分の子供を殺したってええんや!!!
パーン!!
※小学生のころ
愛のある暴力は教育だ。
byおとん
ずっぱーん
愛が痛いとかゆー以前の問題です
サトウはもちろん戦争反対です

我が父、サトウヤスヒラの伝説 050

●**まず、戦後にヘビを食って生きていた**。
●幼い兄弟を背負って小学校に登校。
●中学生の頃から実家の漁師の船に乗り、魚を捕って仕事をした後、登校。
●ケンカで3回ほど鼻を折ったことがある。
●柔道の黒帯と戦って勝ったことがある。
●**クマと戦って勝ったことがある**。
●生まれつき心臓が弱い（…くせに素潜り（すもぐ）をしてサザエなどをとっていたりする）。
●すぐにジンマシンやアレルギー症状が出る。
●お酒に弱い。
●神経痛持ち。

…などなど弱い面も多いのに、卓球を週に2回行っているなど、強いのか弱いのか、おとなしいのか暴れん坊なのかわからない、それがうちのおとん。ま、暴れん坊やねんけどね。実際は。

おいらが中学生の頃、毎日のようにおいらとバトルを繰り広げる。

殴（なぐ）るといっても、グーじゃなくてパーで殴るだとか、ちゃんと外からでも見えるところを殴るだとか、**暴力にもポリシーがあるのが特徴**。

非常に男気のある性格ではあるが、家族はたまったものではない。

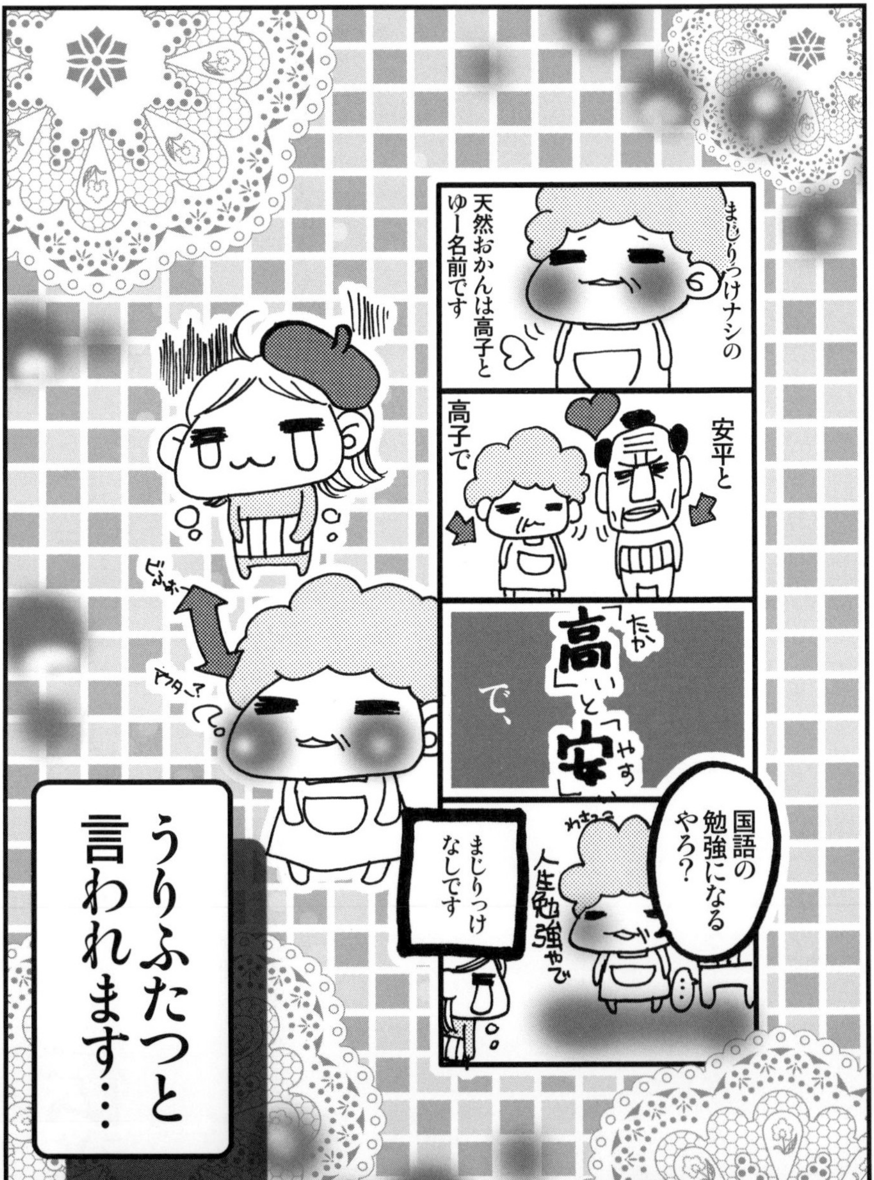
まじりっけナシの
天然おかんは高子と
ゆー名前です
安平と
高子で
「高」いと「安」
で、
国語の勉強になるやろ?
人生勉強やで
まじりっけなしです
うりふたつと言われます…

051 我が母、サトウタカコの伝説

● 大阪市におとんより6年遅く生まれる。二人姉妹の長女。
● 幼い頃から祖母が入院、家事を一手に引き受ける。
● 小学校の頃、祖父が「**晩ご飯はアンパン一個**」という食事を平気で行なっていたため、栄養失調で入院。
● 同じく小学校の頃、**近くの川が氾濫（はんらん）し、家が流される**。
● 20歳くらいのときにお世話になっていた**家が全焼、無一文（むいちもん）になる**。
● しかし、元からのケチケチ生活を続け、3年後には友人たちと同じくらいの貯蓄（ちょちく）をつくる。
● まゆげがうすい。
● 料理の味見をしない。
● おしゃれ用のカツラを買ったら、その日のうちに自転車に乗った男に盗まれる。
● **30歳すぎに選びに選び抜いたはずの夫（おとん）が、酒乱でもないのに暴れん坊だった**。
● 飛行機に乗るような大がかりな旅行は一度も経験がない。
● **痛覚（つうかく）がにぶい**。

などなど、努力をしているはずなのに、いろいろとハズレくじを引かされている感じの人生。事あるごとに私を見ては、「あんたは本当に運がええねえ〜」とうらやましがる。

おとんの影響で一緒に卓球をしている。一緒に話をすると、こちらの価値観が揺（ゆ）らぐくらいの天然成分。愛嬌（あいきょう）があり、面白いとは思うが、家族はたまったものじゃない。

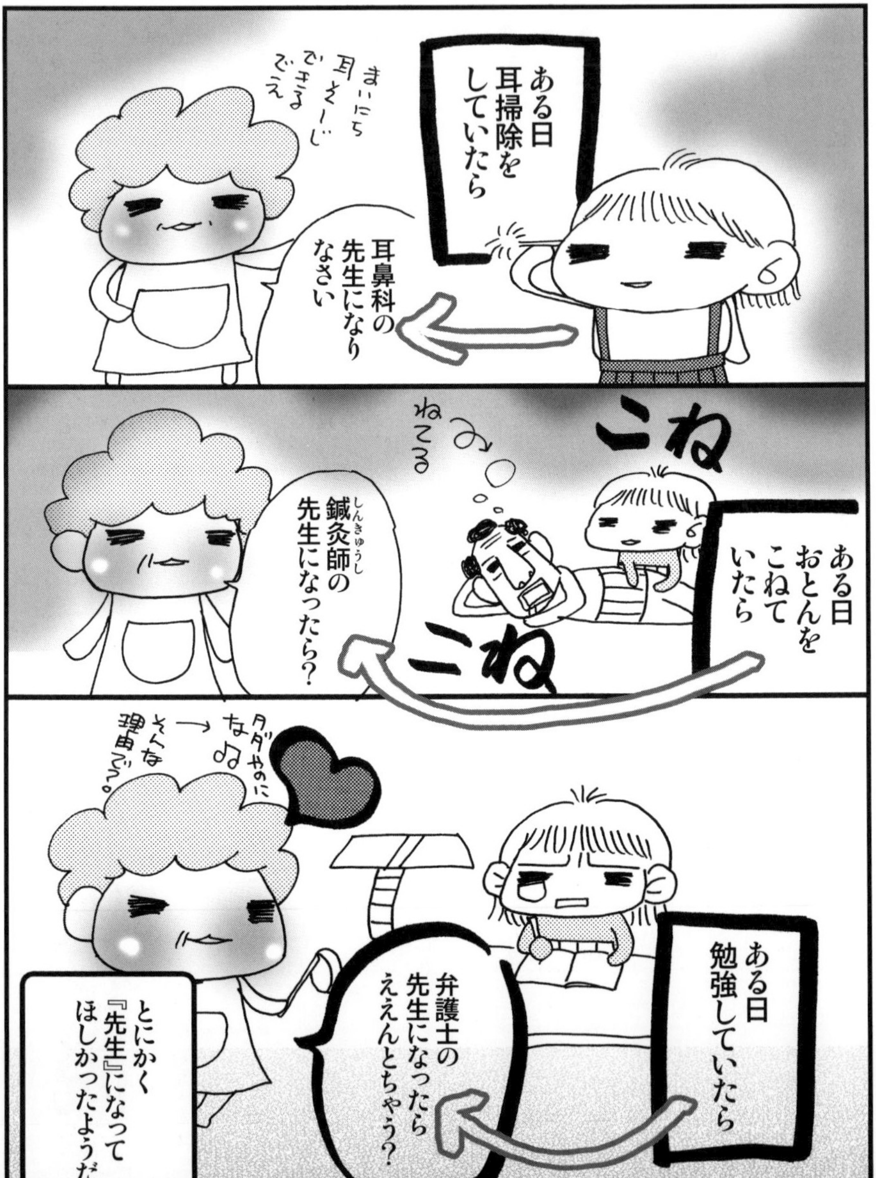
ある日
耳掃除をしていたら
まいにち耳そーじできるでえ
耳鼻科の先生になりなさい
ある日
おとんをこねていたら
こね
こね
ねてる
鍼灸師（しんきゅうし）の先生になったら？
ある日
勉強していたら
弁護士の先生になったらええんとちゃう？
タダやのに
な♫
→ そんな理由で？
とにかく『先生』になってほしかったようだ

052

おかんの野望

「弁護士になってくれたら、相談料が無料になって助かるのになあ」

おかんの要求はある意味いつもストレートである。要するに食いはぐれのない職業でなおかつ身内になっておくと得する職業についてほしいということ。特に弁護士なんかは相談するだけで何万円もとられるので、できれば身内にそういう人を作って、いざという時にお金を浮かしたい魂胆なのだ。

「弁護士なんて無理無理！　だいたいどういうことを相談したいわけ？」

と私がなにげに聞いてみると、

「そやねえ、遺産相続とか、離婚のときとかやねえ…」

無邪気な答えが返ってきた。おかん、あんた離婚する気マンマンなんですか⁉

笑いながらそんなことをさらりというおかんなので、子どもとしては身が持たないのだが、沸騰しそうな頭を抱えて、「来世あたりに頑張って（弁護士に）なるわ…」と一応のオチをつける。

たまにおかんと真面目に話していると高山病でもないのに息が苦しくなるよ…。他にも私が少し短距離走が早ければ、

「オリンピックの選手になって、楽さしてくれー」

少し手が器用だったならば、

「美容師になって、タダでカットしてー」

ケガをしても冷静にしている姿を見て、

「看護婦さんになって、バリバリ働きぃな〜♪」

などと言ったりする。まったくもってわかりやすい。

そして言ったら忘れている。とってもストレートな感覚なのだ！

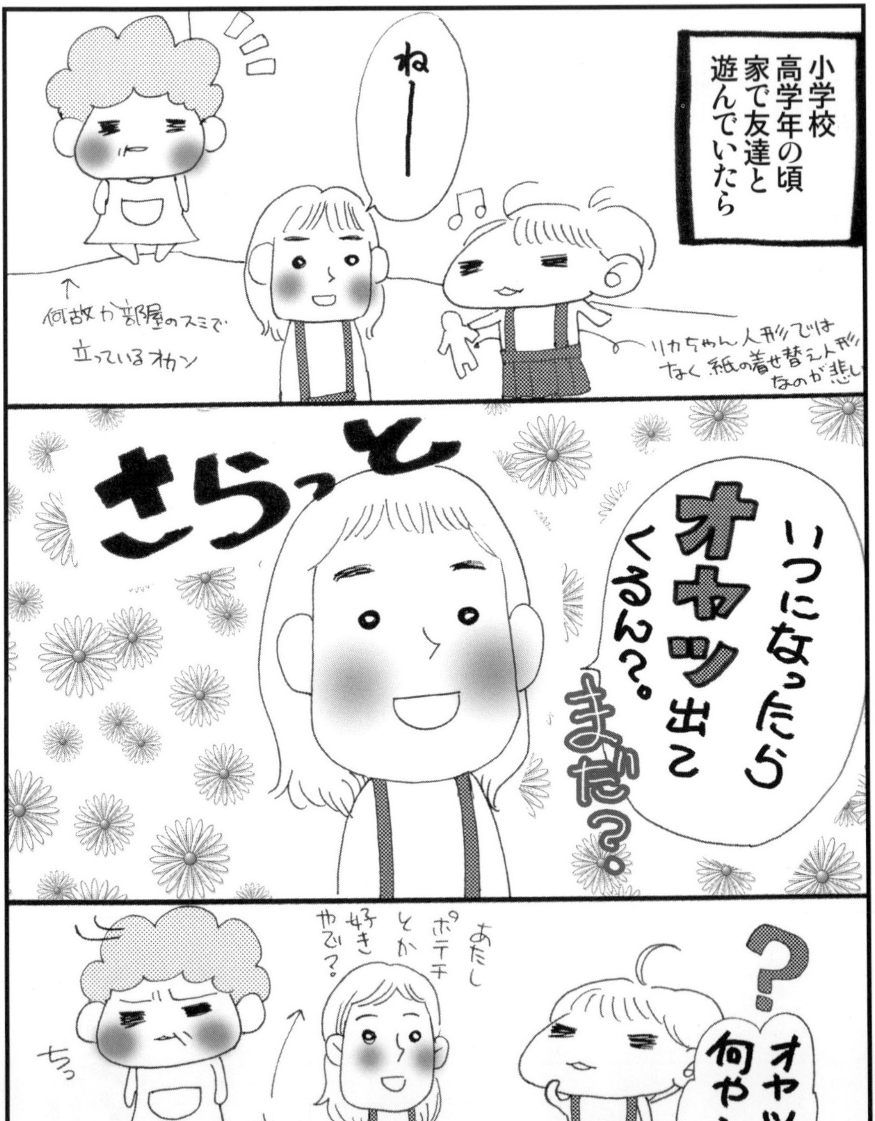
小学校高学年の頃家で友達と遊んでいたら
ねーー
何故か部屋のスミで立っているオカン
リカちゃん人形ではなく紙の着せ替え人形なのが悲しい
いつになったらオヤツ出てくるん?。
まだ?。
さらっと
?
オヤツって何や…?
あたしポテチとか好きやで?
言えば出てくるものだと思ってる。
ちっ

053

おやつってなんだろう?

こんなことを暴露すると「佐藤さんちって相当貧乏なんですね」と思われそうですが。って、実際そんなに裕福でもないので、そうとってもらってもオッケーなのですが。

「おやつはいつ出るのか?事件」のあと、佐藤家に実際に出されたおやつは「**にぼし**」だった……。がーん。

そのほか「**ひじきせんべい**」とか「**にんじんチップス**」とか、おかんと同じでナチュラルな自然のものが勢ぞろいした。そして、他のお家にお邪魔するたびに豪華なおやつにビックリの小学生のワタクシ。ポテトチップスっておいしいな〜って、他人の家で知った。

小学校3年生のときのおやつが「**すこんぶ**」オンリーだったことがあるなんて。ギャグだったとしても、なんて悲しいギャグなんだろう。

甘いものが食べたくてしょうがなかったある日、風邪薬「ル○」を大量に飲んで昏睡状態になったこともあったっけ(ただ気絶してただけとも言う)。他にも、ある飲料なんかも、当時の「骨が溶ける!」というウワサをおかんがまともに受け取ってしまい、「悪魔の飲み物!」と怒鳴られたことがあった。

今でこそ母の愛というか、考えに賛同することはできるが、極端すぎるというかなんというか、他の親には真似してほしくないというか……。

複雑な想いを呼び起こす記憶なのであります。

今大人になったサトウさんは好きなときに**ポテトテチップス**とか、「**ガリガリ君**」とか食べられてちょっと幸せです。

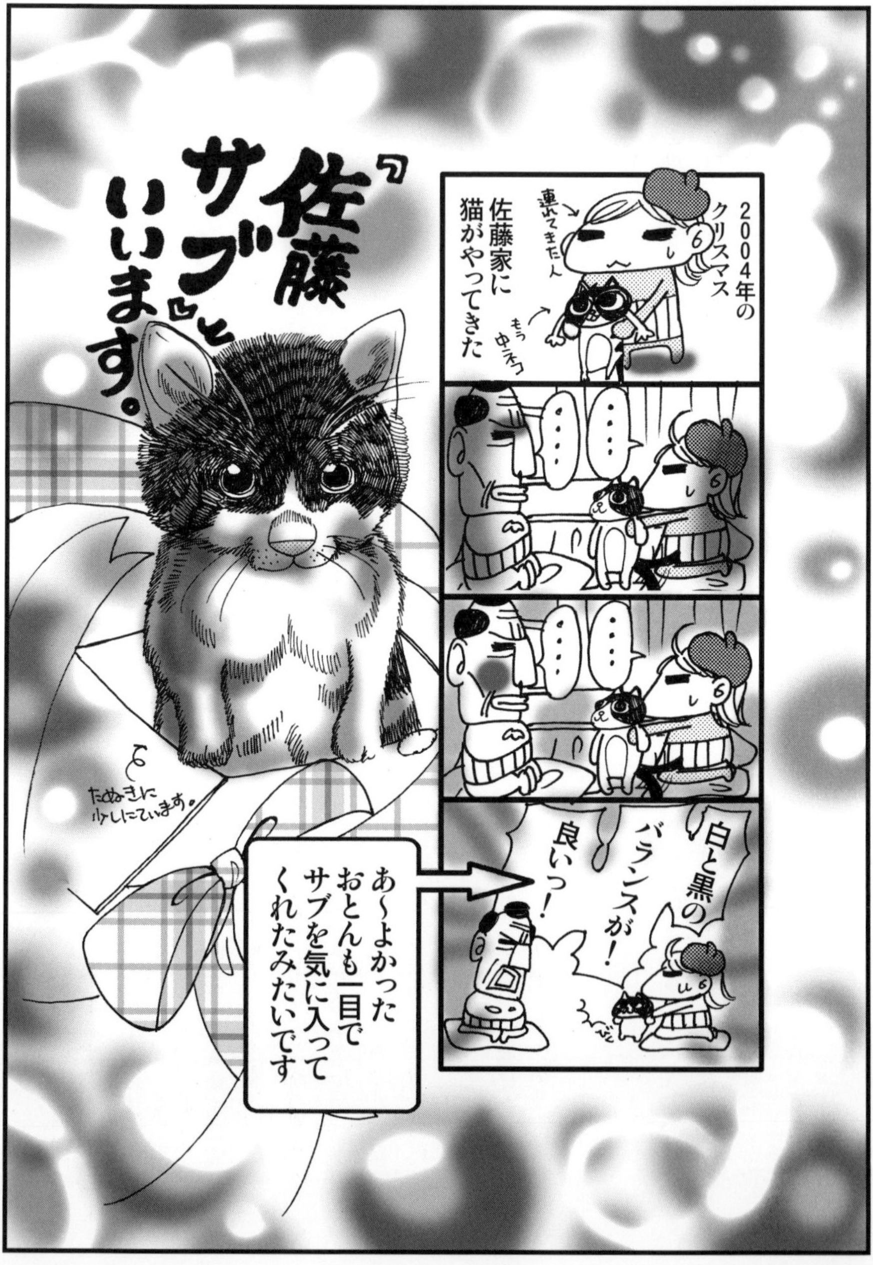
2004年のクリスマス
連れてきた人
もう中ネコ
佐藤家に猫がやってきた
……
……
……
……
白と黒のバランスが良いっ!
『佐藤サブ』といいます。
あ～よかった
おとんも一目で
サブを気に入って
くれたみたいです
たぬきに少しにています。

054

佐藤家の中心は、サブが世界の中心だ

2004年の12月25日にサブは佐藤家にやってきた。

そして今現在、家族全員がサブの目線を理解するため、フローリングをはいずり回っている。夕方になると「サブや〜帰っておいで〜」という遠吠えが聞こえ、サブが帰ってくるのを今か今かと待っている、そんな毎日。

サブというのは人間ではなく、普通に短毛の日本猫である。**一応「佐藤三郎」という立派な名前をつけてみたが、楽な方へ人間の気持ちは動き、「サブ」になった。**

それまでの佐藤家、おとんが定年退職になったので暇をもてあまし、一日中囲碁ゲームをやったり、たわむれに「コブシの会話」をかわしたりなど、乾いた空気が充満していたのだが、サブの登場によりそれは一転。難しい顔をしているおとんが「サブにゃん」とか言う姿は家族の笑いをさそい、乾いた空気が一気にウェットに。

おとんほどではないが、おかんも小さな電子ピアノの上にサブを乗せて、『**ねこふんじゃった**』を**仕込もうとするくらい**サブを溺愛するようになった。

「**もし、ピアノが弾けるようになったら大もうけできるでぇ**」

などと言いながら…。

それまでもネタに困らないくらいキャラの立った奴らばかりの佐藤家でしたが、サブの登場によりそれが激化。伝わりにくいかもしれませんが、「佐藤家が完全体に近づいた」という感じになりました。

なんにせよ、うちに来てくれてありがとう、サブ！

WE LOVE SABU！ なのであります。

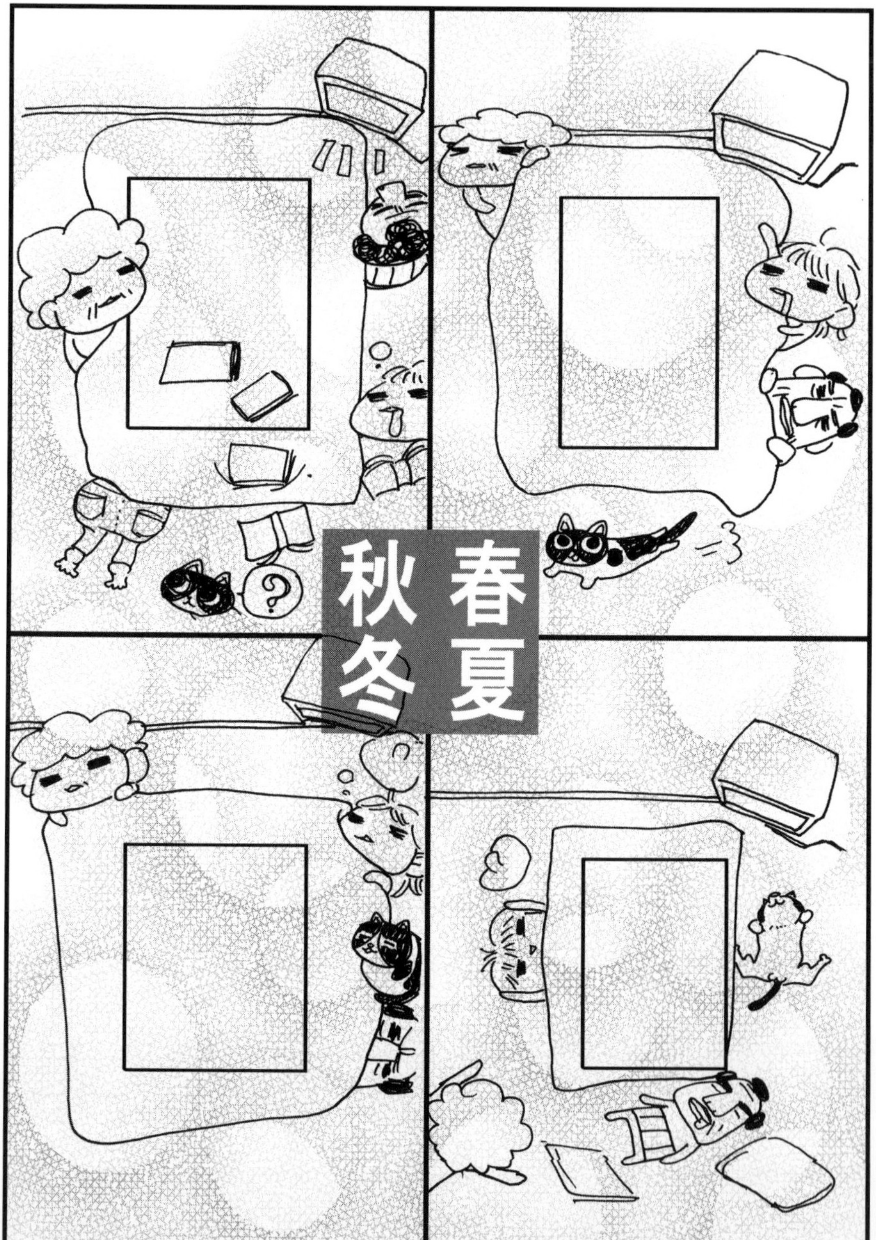
春夏
秋冬

055

家にコタツがある限り！

ネコを飼う前も後も、一年を通してコタツを出している家庭。それが佐藤家である。

夏には夏用の薄いカバーのような質感（しつかん）の毛布で、おかんが手直ししたものをコタツに装着して使っている。コタツの下に敷いているのは、ムートンっぽいちょっと弾力性のあるもので、長時間寝てても背中が痛くなりにくいようになっている。

そんなことを他人に話すと、

「よっぽどコタツが好きな一家なんだねー」

と言われるが、まったくもってそのとおりなのである。

というか、コタツが好きじゃない家庭なんて日本にいるのか？　いやいないはずだ。

小さな頃、コタツの温度を「強」にしたまま寝てしまい、汗だくになってひどい目にあっても、それでも次の日にはケロッと忘れてコタツに入ってしまう、そんなあらがいようもない魅力がコタツにはある！　**みんなもそのはずだ！**

佐藤家では、サトウが思春期に入った頃から連夜のごとくバトルが繰り返されていたわけだが、よく泣き疲れてはコタツに入っていたものだ。**さっきまで殴（なぐ）り合っていたサトウとおとんが、それぞれ同じコタツで休息する姿はとっても変だけど、その変な光景を作ることができるコタツの偉大さを注目してくれ。**

ちなみにサブが家に来て、やはりコタツの中にすぐさま入ったのを見て、

『本当にネコはコタツで丸くなっとるぞおおおお！』と妙に感動したのも覚えている。

とにかくコタツは佐藤家の心、もちろん日本の心の象徴である。

みんなも一年中出すべきだ！　**ビバKOTATSU**である。

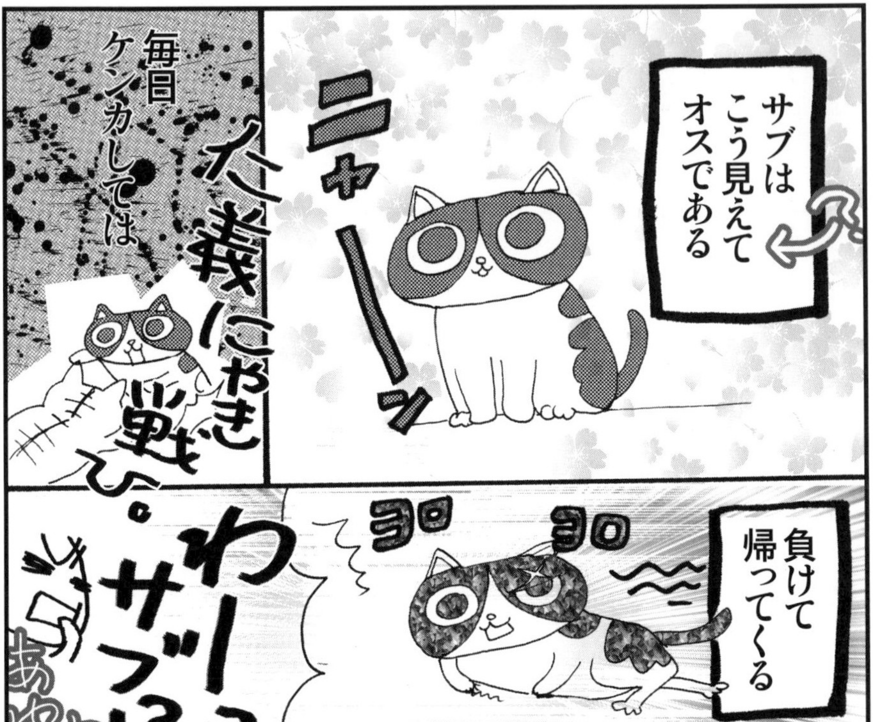
サブはこう見えてオスである
ニャーン
毎日ケンカしては
負けて帰ってくる
ヨロ
ヨロ
わーっサブ!?!!
あわわわ
それが気に入らないおとんは
お父ちゃんの子やのに…
むむぅ
エサにタウリンを混入
はぐはぐ
したらボスネコに勝つようになった
ヒニャ〜〜
HAHAHA
満足
タウリン配合ネコ完成!!
おとんの愛は底が知れない…

056 タウリン配合ネコ

おとんのサブへの想いは果てがない。

「息子が欲しかった」と、私とのケンカのたびに言っていたので、おとん以外のオスがいて、とてもうれしいのである。

そんなサブが毎日のように近所のボスネコと戦っては負けて帰ってくる。サブは「おどけ」（すぐにビックリして逃げる性格）なので、敵に背を向けたところをガブーとやられ、オケツが二倍くらい膨らんで病院送りになったりと、不名誉な傷が後をたたない。

「やられたら、やりかえしてこんかい！」

それがおとんのポリシー。そしてそれを知ってか知らずか毎日のようにボスネコが佐藤家の玄関までやってきてはサブ（と、おとん）を挑発するので、引き下がれない。ケガは増えるばかり。

そんなある日、何気なくサブをだっこしてみると、ムチムチした感触に変わっていることに気づいた。毛づやもよくなっており、目もゴルゴ13みたいになっている。おかんに聞いたら、

「サブちゃんにタウリン入りのエサをあげてんよ〜」と言ってきた。

「はぁ!?　タウリンって滋養強壮によく効くというあの？」半分あきれて聞き返すと、

「せやねん、お父ちゃんが買うてきたんよ〜。したらサブ、あのボスネコに勝つようになってん。うふふふー」

うふふーじゃねえよ！

「来年の春にはサブの子どもで近所がいっぱいになるでぇ〜」

そんなんあかんやん！　責任とられへんやん！　しかし、満足げなおとんやサブを見ると何も言えないサトウ。来年の春にサブ似の子猫が捨てられていたら、責任を持って飼い主をさがす所存です。

おかんの写真

おかんは20代前の写真を持っていない。一度住んでいたところが火事になってみな燃えてしまったからだ。火事の後友人らがこぞって一緒に写っている写真を焼き増ししてくれたそうだが、それも「どこへやったやらわからんねん」と言った。

結婚前の数枚と結婚してからの数枚しか見たことがなく、やはりおかんの独特の不幸を物語っている。

火事になった家は生家ではなく、養女に行くはずだったおかんのおじさんの家であった。結局は養女になる前におじさんはガンで死に、その後仏壇の線香かろうそくが火種になって家は全焼。かなりの保険金がおじさんの配偶者であるところのおばさんのものになり、土地や遺産もすべてそのおばさんのものになったので、「保険金狙いの付け火」と噂され、新聞にも載ったのだという。だが、証拠はまるでなく（なにせすべて燃えてしまったのだから）、結局おかんは自分の生まれた家に帰らざるをえなかった。もちろん貯金も何もかも失った後である。

おばさんとは一滴も血のつながらないおかんは当時22歳で、何ゆえ養女に行く話になったかはわからない。おかんは長女だったので、佐藤家の血筋を守るという立派な使命も確かにあったはずなのに。

ただ、**そこで暗くならないのがおかんであった**。

それくらいの不幸は不幸のうちにも入らないと言わんばかりに節約に励み、着るものはすべて自分で縫い、外食もせずに仕事を続け、2、3年で同い年が貯めている貯金と同額の貯金をこしらえたという。不幸な話を自分の自慢話に変え、「だから、あんたも外食なんかしたらあかんでぇ」と説教に変えた。

おかんのケチは筋金入りでそれを裏付ける歴史まであった。これで尊敬しないほうがおかしい。頑固なおとんもおかんのまれに見る節約術に何度か助けられたとみて、そこだけはバカにしないように気を使っているふうでもあった。このおかんの血が自分にも流れているかと思うと途端に勇気が出る。ほしい物でも何でも値の張るものは値切り、飲み会ではできるだけ金を出さず、余興の一つとして似顔絵を描いては逆に金を巻き上げるサトウのスタイルはここから始まったといっても過言ではない。バカにしたいやつはしたらよい。

Column 03

サトウが誇りに思っている限り、それは尊い記憶である。

ただ、だからといって全部が全部おかんの言ったとおりにすることもできない。自分の都合の悪いことはすべて忘れ、良いように改ざんして平気な顔をしていたり、誰もがびっくりするような大ボケをかますということもしょっちゅうであったので、その都度（つど）状況と照らし合わせて行動をしなければならない、迷惑な存在でもあった。

おとんといい、おかんといい、完璧（かんぺき）な大人の人間などいないという真理を幼少のときから知っていたサトウはその分だけ理不尽なことにも対処がきくようになった。

ただ、どんなことにも理由があって、歴史があるのだということを今更ながら痛感する。言動ひとつにしても顔の筋肉のつき方にしても、すべては理由がある。**サトウは人の顔を描くとき、できるだけその人全部を見て、どういう理由でこの人は今ここにいるのかを考える。そして、サトウの生きてきた歴史でもってその人の顔を描く。**

サトウの歴史とお客さんの歴史のコラボレーション。似顔絵にプリクラや証明写真に負けないところがあるとするなら、そういうところだとサトウは思っている。

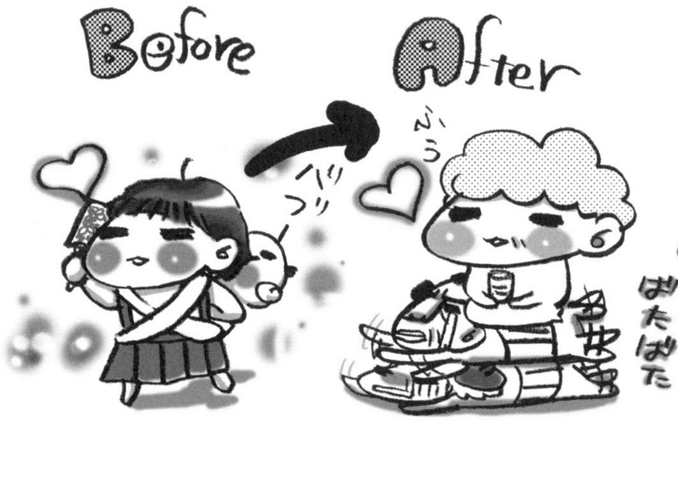

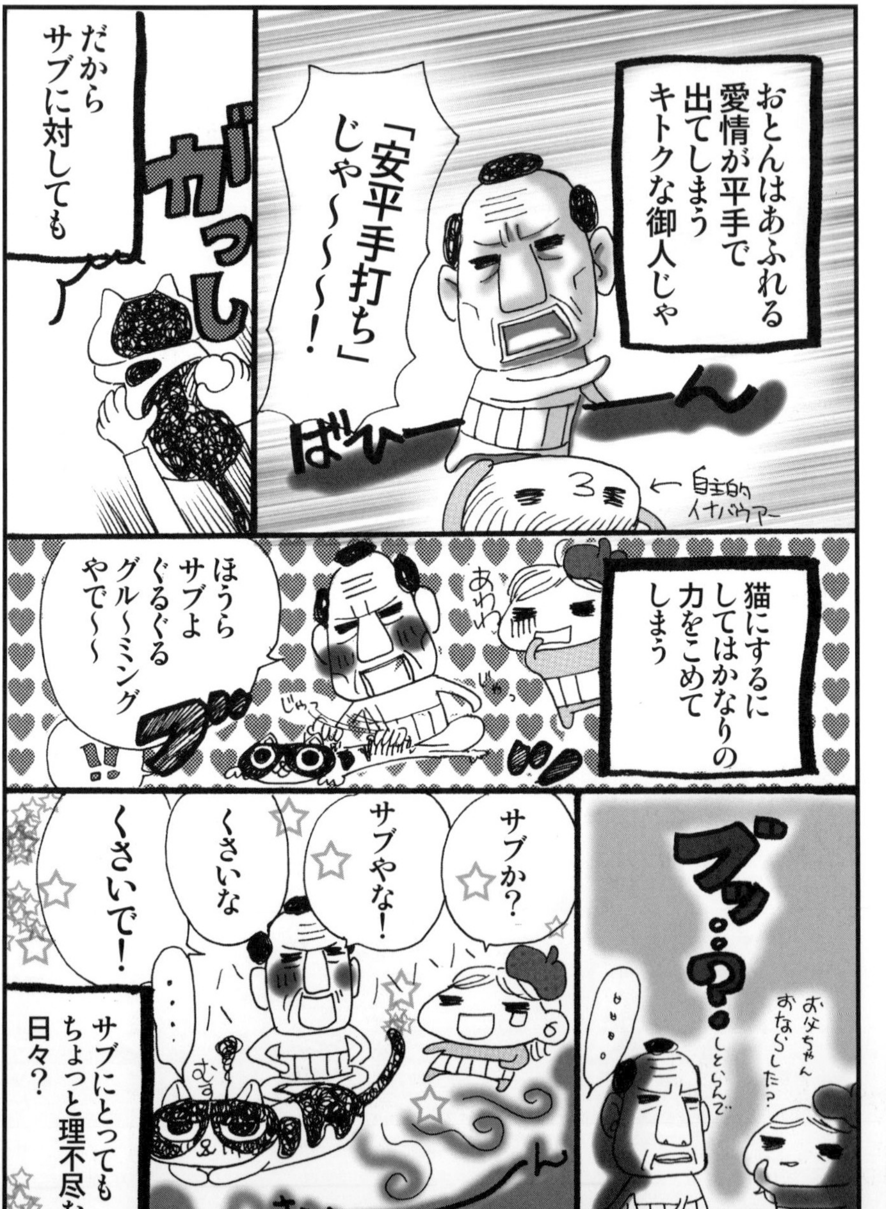
おとんはあふれる愛情が平手で出てしまうキトクな御人じゃ
「安平手打ち」じゃ〜〜〜〜！
ばひーーーーん
← 自主的イナバウアー
だからサブに対しても
がっし
猫にするにしてはかなりの力をこめてしまう
あわわ
ほうらサブよぐるぐるグル〜ミングやで〜〜
じゃっ
ブバ
!!
ブッ。。？
お父ちゃんおならした？
しといんで
サブか？
サブやな！
くさいな
くさいで！
サブにとってもちょっと理不尽な日々？
むす
むぁ〜〜ん

サブの受難

サブのオナラ…くさいねん。

この悲しさがわかってくれるだろうか？　一度コタツで寝ているときにサブのオナラ爆弾をくらってしまい、3分ほど悶絶したほどだ。

ちがうちがう。今回はそういうハナシではなく、おとんの寵愛を得るかわりに、そのチカラ技によって受けてしまうサブの災難のハナシだ。

ある日ふとリビングに来たら、おとんがフローリングの床に座ってモチをこねている姿が見えた。**「白黒のモチだ…」と思っていたら、それはやはりサブだった。**

こ、こねられている。サトウの家の地域では「しばく」のほかに「こねる」という言葉がありますが（ほぼ似たようなシチュエーションで使います）、実際に生き物が「こねられている」姿をみるのは初めてでした。

迷惑なのかどうか、サブの表情が読みとれなかった。なにしろ高速でサブはこねられており、おとんは激しく上機嫌。これはどう突っ込んでいいものか迷うところだった。

「まだ死んでないし、おとんになついているからうれしいんだろう」

と心の中で疑問にふたをした。でもこれはエスカレートするとそのうちサブは宙を回転しながら飛んでいくぞと思っていたら、その寸前にサブがキレた。

かぷーっとおとんに噛みついたのだ。

「あいたたたっ。こらー、おとうちゃんに噛みついたらあかーん！」

とおとんは説教をはじめた。やりすぎていることが、まるでわかっちゃいない。

これもサトウ家に来た運命だと思ってあきらめてくれることを願うばかりだ。

057

058

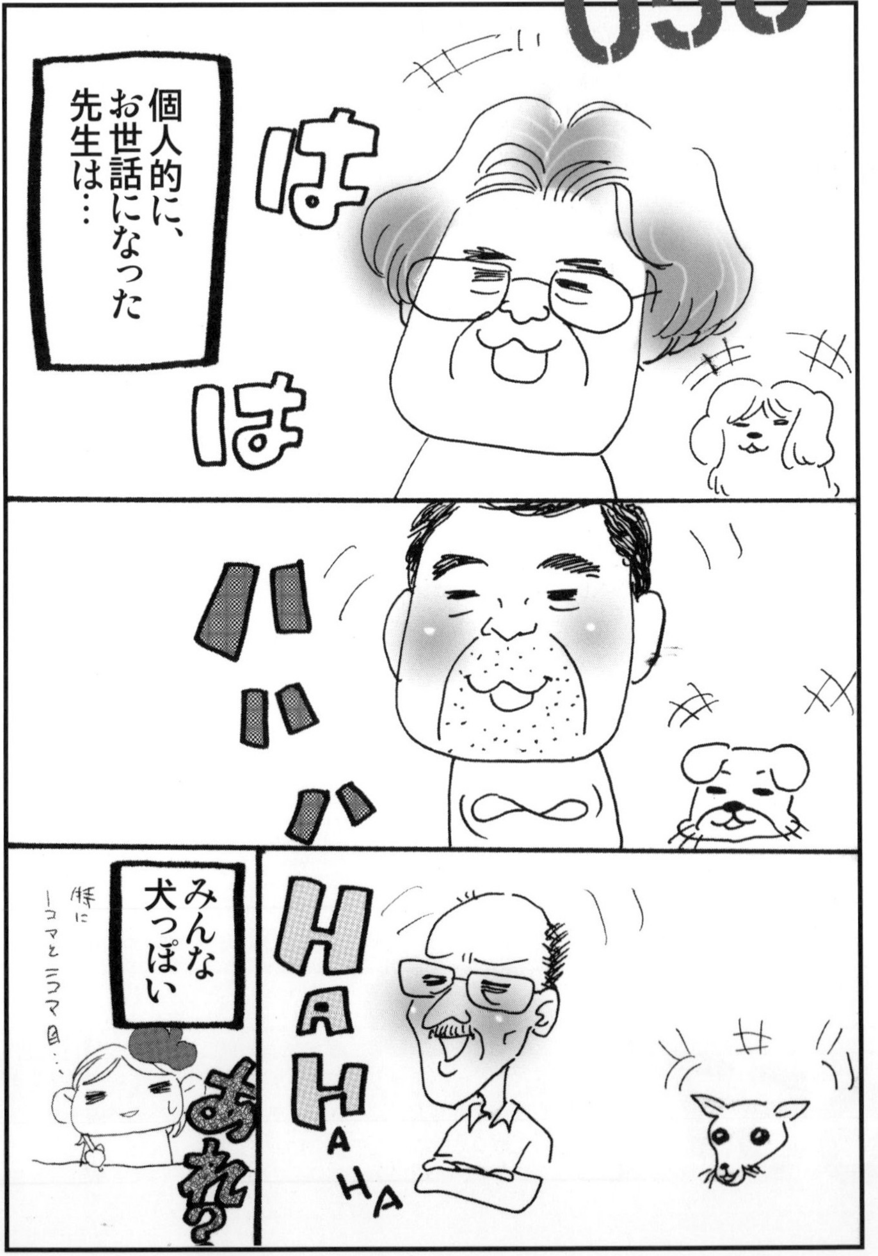

それは先生

お世話になった先生がいる。

大学生のときの犬童（いんどう）先生。私が大学の図書館でグループ展を開いたとき、30万円くらいする特製のガラスのショーケースを倒して大破させた事件があったのだが、この先生のおかげで弁償（べんしょう）しなくてすんだ。

「いくら生徒でもダメだ、弁償してもらう」という図書館員に、

「どういうことが起こっても、責任を負うのが学校側、教師のつとめだ」

と言って説得してくれたのである。他にもこの先生に「路上で似顔絵描いている」と私が言ったら、

「えらいっ！」

と0・1秒後くらいに言われたり、色々と背中を押してもらったりした。

小学校高学年のときは谷村先生という、ものスゴく顔がこゆい先生がいた。

その先生の顔と犬と合体させた「谷公」という名前のキャラクターをつくりだし、**廊下に張り出したらゲンコツをくらった**。

熱血でどなったりしても殴ったりとかはしない先生だったので、非常に反省。**「絵も人を傷つける道具になるのだ」**ということを感じた瞬間だった。

小学校低学年だった頃、いじめグループから追いかけ回されていたサトウが放課後取り囲まれ、あわやリンチの憂（う）き目に合おうとした瞬間、窓からみて大声を出し、助けてくれた先生がいた。名前は忘れてしまったが（竹内…竹中だったか？）、とてもうれしかった。

先生にはイヤな先生もたくさんいたが、これらの記憶が「教師っていいもんだ」と思わせてくれる原形となっている。これを読んでいる人はどうですか？

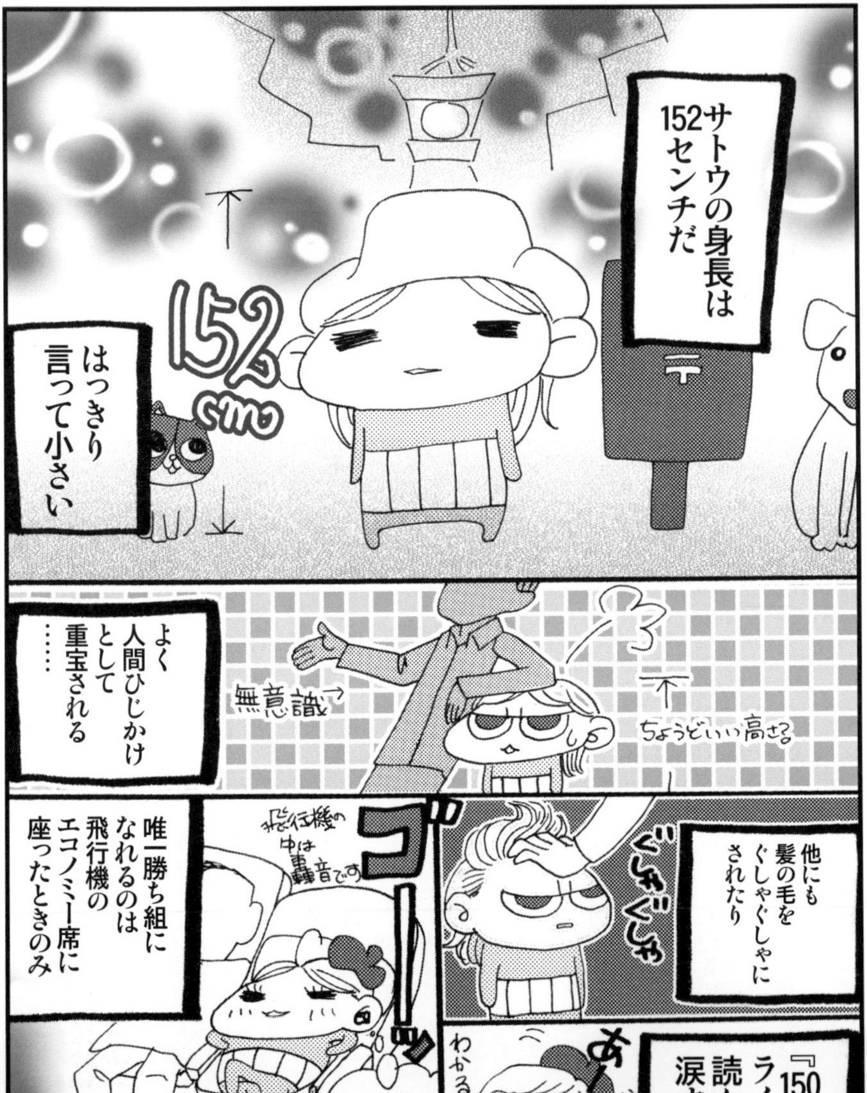
サトウの身長は
152センチだ
152cm
はっきり
言って小さい
よく
人間ひじかけ
として
重宝される
……
無意識
ちょうどいい高さ
他にも
髪の毛を
ぐしゃぐしゃに
されたり
ぐしゃぐしゃ
唯一勝ち組に
なれるのは
飛行機の
エコノミー席に
座ったときのみ
飛行機の中は轟音です
ゴー
『150センチ
ライフ』を
読んで
涙する毎日
あ〜
わかるぜこんちくしょう!!
快適
快適
キュークツ
余裕…!

059 サトウの身長

本当なら、2メートルを超えるはずだったのに。毎年のようにオリヒメとヒコボシに願いをかけていたというのに。

私の身長は150センチを超えたあたりからほとんど伸びなかった。「背の順」が、一人ずつ前の方に変わるたびに、えにも言われぬ恐怖感と戦った小学生の頃。私は毎日のように余った給食の牛乳をめぐって（休みの人がいたりすると余るのです）ジャンケンをし、2本飲んだり、家に帰っても寝る前に一杯やったり（牛乳をですよ）していた。それなのになぜなんだ！

答えは目の前にあった。100パーセント天然由来成分でできている我が母だ。**彼女は145センチくらいしかない。おかんに似てしまった…。悲しい。**できれば、戦後の食糧難にもヘビを食って耐（た）えたおとん（当時の平均身長より少し高め）に似てくれれば、もう少しなんとかなったのに。おとんからは、マッサージに向いている指と鋼鉄（こうてつ）の脳みそしか受け継いでいない。DNAは確実に私の味方ではない。

どうしよう。いや、どうにもならない。

事実を受け止めて生きるしか方法はない気がする。よく「女の子は小さい方がかわいくて得よー」などと言われたりするが、そのぶん社会になめられる気がする。特ににがおえ師という自由な感じの職業だとそれは倍増する気すらする。

今からでもでかくなりたい。できれば足だけ伸びてほしい。そんで棚（たな）の上の方の物でも簡単に取り出せる自分になりたい。

ああ、今日も一杯やって寝るとする。

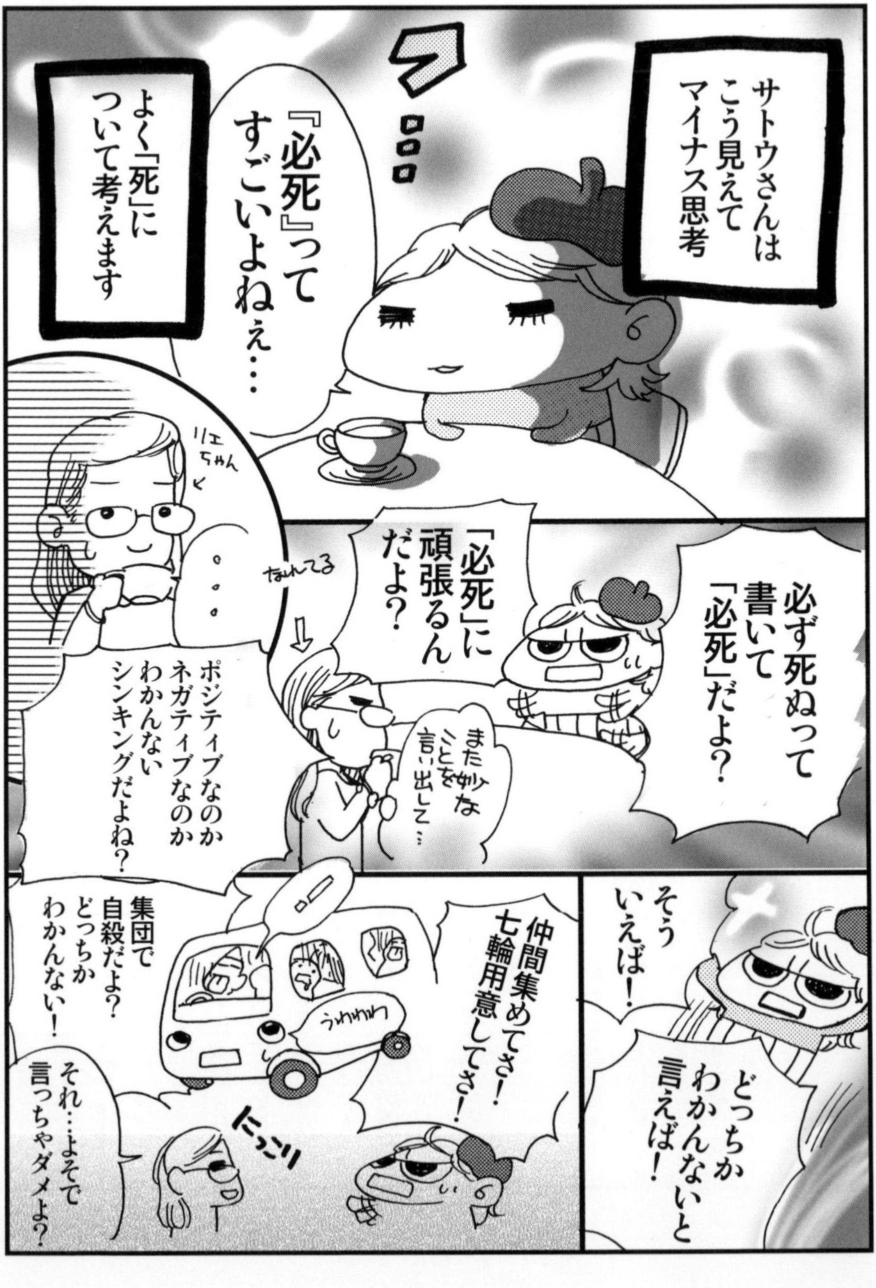

サトウさんはこう見えてマイナス思考
『必死』ってすごいよねえ…
よく「死」について考えます
必ず死ぬって書いて「必死」だよ？
「必死」に頑張るんだよ？
また妙なことを言い出して…
なれてる
リエちゃん
…
ポジティブなのかネガティブなのかわかんないシンキングだよね？
そういえば！
どっちかわかんないと言えば！
仲間集めてさ！七輪用意してさ！
集団で自殺だよ？どっちかわかんない！
にっこり
それ…よそで言っちゃダメよ？

060

死を想う、ゆえに我あり

自殺願望があるのかと疑いたくなるほど、「死」について考えるサトウです。

このあいだも去年の夏に似顔絵を描かせてもらったおじいちゃんがお亡くなりになり、そのおじいちゃんがよくいた場所に私の描いた似顔絵が今も飾られている…という話を聞いたばかりです。悲しいけどうれしいような、かわいそうだけどありがたいような、複雑な気分になりました（お名前は明かせませんが、ご冥福をお祈りします）。

「一つのところに命をかける」と書いて「**一所懸命**」という言葉や、ストレートに「**死ぬ気になれば何でもできる**」という言葉をよく聞きます。で、本当に死んじゃう人がいたりして、ただの言葉ではないなとは感じているものの、

「でもそれって、頑張れっていう意味じゃないのか！ **頑張るってポジティブなことなのに、なにゆえ『死ぬ気』などとネガティブな言葉でいうのだろう**」

と矛盾を感じておる次第なのです。「**必死**」という言葉も「必ず死ぬ」って書きますが、いちいち頑張るたびに死んでいたら夢も希望もあったもんじゃありません。

しかし、私は今生きていますが、同時にたくさんの私の細胞は死んでいる。一日ずつ死に近づいて生きている。死にながら生きているわけですよ。ということは死を意識して行動することは生を意識すること？ ポジティブシンキング？

そういうことをほぼ毎日5分は考えています。

けっこう、無駄な時間かもしれん。その間に一枚でも多く絵を描こうぜ、私。

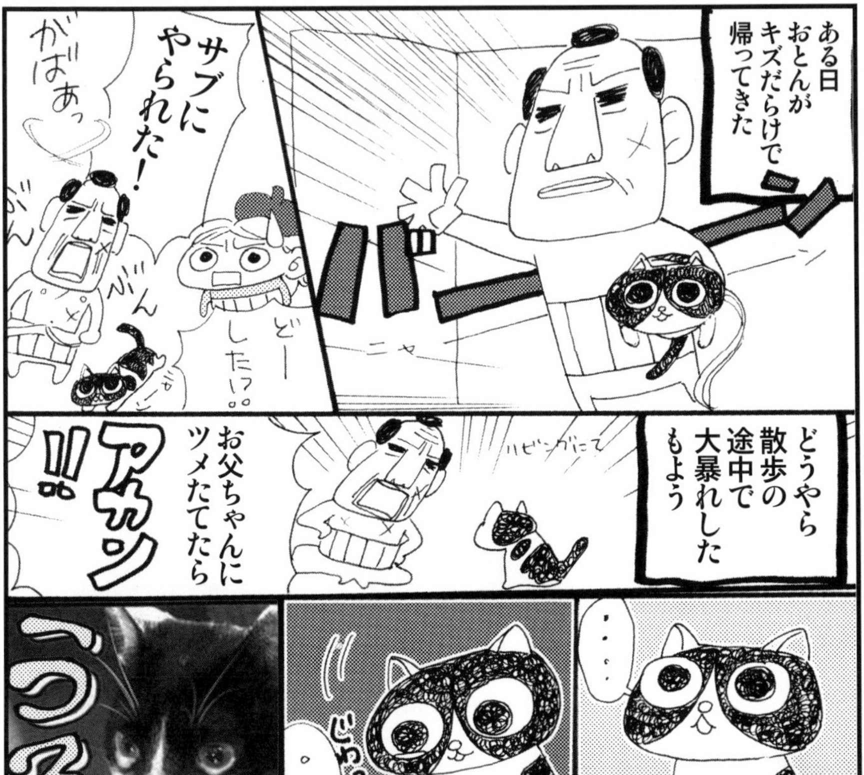
ある日
おとんが
キズだらけで
帰ってきた
バ
ニャー
サブに
やられた！
がばあっ
どー
したけ。
どうやら
散歩の
途中で
大暴れした
もよう
リビングにて
お父ちゃんに
ツメたてたら
アカン!!
・・・。
じわっ
うる
泣いた？
ぽた…
うむう。
サブ
すげぇ

061

涙の演技ネコ

どこからどう見てもネコのくせに、サブは時々、「**お前、本当にネコか！**」と言いたくなる時がある。

よく寝たり、マイペースなのは本にあったとおりなのだが、子猫の時から鳴かない。そして、たまに鳴いたと思ったら、「カ〜」と、カラスの出来損ないのような、なんともいえない鳴き声。

最近ではよく返事もするようになったが、じっと動かないし、呼んでも鳴かないので、家の中にいる時でも一度隠れてしまうと、どこに行ったかわからなくなるほどだ。

そんなサブが、「泣」いた。

漢字変換のミスではない。ある日、おとんにしかられて、目に涙を浮かべる、あの「泣き」をやってみせたのだ。しかも、しかられた3秒後くらいという驚異の早技なのであった。

しかり役のおとんも、けなげな態度をとる小動物にもはや何も言えなくなり、逆におろおろするありさま。人間の子どもを育てる時とはずいぶん態度が違うおとんに少々腹を立てながらも、「あのおとんを黙らせるなんて、なかなかできることではないぞ」と感心した。

サブは完全に朝型の生活を送って、夜は10時くらいにふとんに入ったりする。

オスのくせに風来坊なところは一切なく、判で押したようにきっちりと帰宅時間や就寝時間を守っているのをみて、

「**お前はじじぃか！**」**と言いたくなる**。

そういう私に家族の目はとても冷たい。

「あんたみたいに、ずーっと朝まで起きてるよりよっぽどお利口や！」とおかんに言われる。

佐藤家でのサブと私の立場は見事にひっくり返ってしまっているようだ。

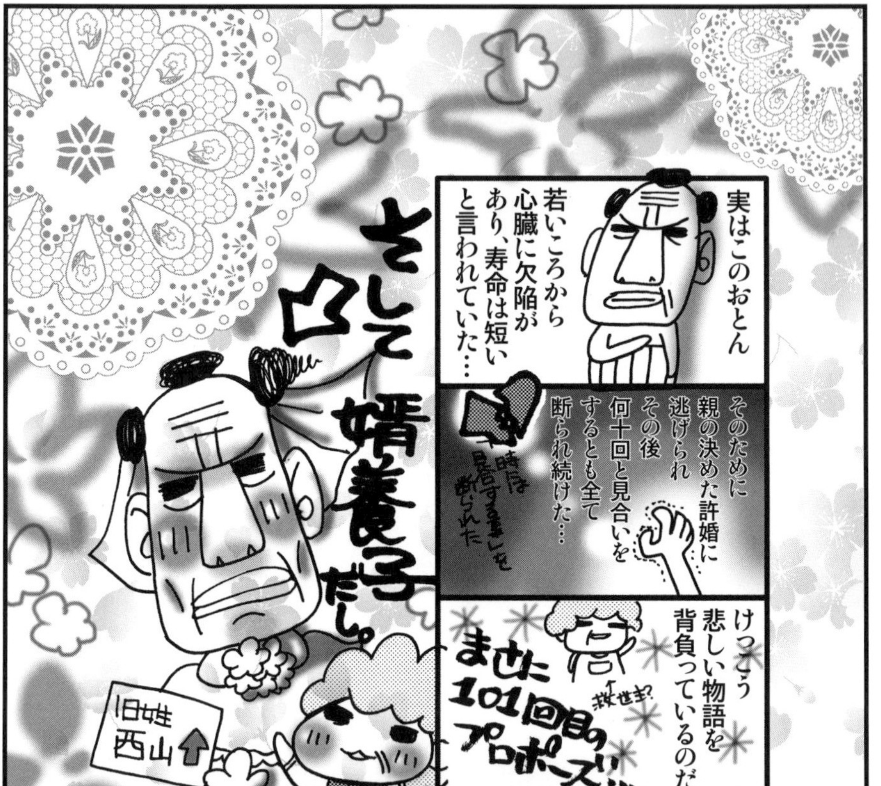
実はこのおとん
若いころから心臓に欠陥があり、寿命は短いと言われていた…
そのために親の決めた許婚に逃げられ その後 何十回と見合いをするとも全て断られ続けた…
けっこう悲しい物語を背負っているのだ
ました101回目のプロポーズ!!…
救世主?
『多額の生命保険』を条件にね…
くっくっくっ
ぞぞっ
しかし、おかんの心臓はもっとひどかった
そして婿養子だし。
旧姓西山
お母ちゃんもちゃんと考えてんねんで。
恐いよ!!

062

おとんは婿養子だった話

ま、というわけなんですよ！　亭主関白で厳格で、**2歳の子どもに「ハシの使い方がなってない！」と平手打ちを食らわしてくれていたおとんが**実は養子だったとわかったとき、ものすごい衝撃（しょうげき）が走ったのを覚えている。

と同時に、いつもはおとんの言うことをハイハイときいていたおかんが、とたんに得体のしれない、こわい存在になった。

ただ単に天然だというだけでなく、ケチで実はこわい天然だったのである。

しかし、家長はやはりおとんだったし、大黒柱もおとんだった。

おかんは結婚する前勤めていたこともあったようだが、今ではおとんの稼ぎ（かせぎ）に頼る（たよる）専業主婦である。

みなさん、どうですか？　こわくないですか？

ちなみに、おかんのことを天然、天然と言いまくっていますが、天然というのはおっとりとしているということではありません。いえ、おかんは普段は意外とおっとりしているのですが、かなり短気でもあった。

幼い頃のサトウが悪さをしても開き直っていたら、

「きぃーい。憎たらしい〜ぃ！」とつかみかかってきて二階の階段から二人とも落ちたことがある。

おとんのようにチカラはなかったが、けっこうその豹変（ひょうへん）ぶりには驚かされるモノがあって、こわかったなあ。つまりサトウの両親は二人ともキレやすく、コワイ。というわけでその血をひくおいらも

…というハナシだ。

DNAにあらがう方法を模索（もさく）しなければ。

おとんの写真

おとんの写真は少ない。特に子ども時代のものは、皆無に近い。

戦争のせいだ。

おとんは戦争が終わる3年前に生まれたが、戦争中より戦争の後の方が大変だったと聞いている。

「大きなキノコ雲だったけど、山一つ越えたとこは無事だった」とその時を生きた人の言葉はどんな学校の授業より印象に残った。

そんなおとんの故郷は山口県にある、山口県民も知らない小さな島で、人口は100人くらいか。

おとんはまだ小さい自分の妹を背負いながら小学校に通い、深夜のうちから漁に出てそのまま中学校に行っていたという。なので、けっこうでかい船も操縦できるらしい。

「いまやったら、違反になるからできひんけどな」

中学を卒業して、すぐに大阪に出稼ぎにきたものだから、おとんの発音は大阪弁だ。

兄弟が11人もいたものだから（途中で10人になったりしたけども）、いとこの数はおとんですら把握していない。しかも、サトウが小学校のときすでにいとこは子どもをもうけていたりしたのを見た記憶があるので、多分あったことのある親戚よりも見たことのない親戚の方が多いだろう。

おとんはあまり自分を語らない。

勝手に喋りまくるおかんとは本当に対照的だ。

ただ、相当な暴れ者だったというのは想像に難くない。

サトウが中学生だった頃、朝いつまでも起きないサトウに腹を立てたおとんは鉄のパイプでできた重量のあるベッドごとサトウをひっくり返したことがあり、そのときベッドが壁紙をえぐったあとが今でも残っているのだが、きれいな弧を描いているのだ。

星飛雄馬のおとんよりスゴくないか、それ!?

中学校の頃、そんな乱暴なおとんと毎日のように殴り合いをしていた。おかげで痛覚が鈍くなり、車と正面衝突してもすくっと起き上がれるようにまでなった。

そんなおとんの誕生日は3月3日。女の子の日

Column 04

だ。

「役所に届けるのに船で一日かかるし、ぞろ目は覚えやすいから」という理由で3月3日で届けが出された。他の兄弟の誕生日もぞろ目ばかりである。

しかし、なんだって3月3日のひな祭りの日なのか、もうちょっと別の語呂合わせなどなかったのか、ほとほと疑問だ。

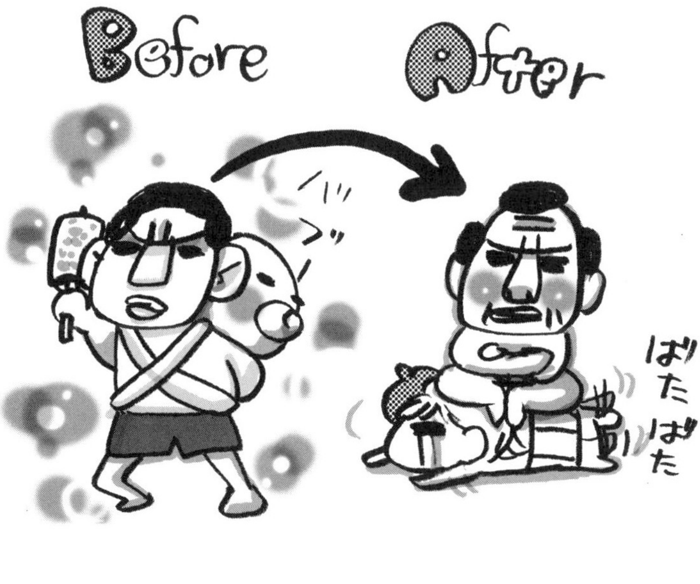

063

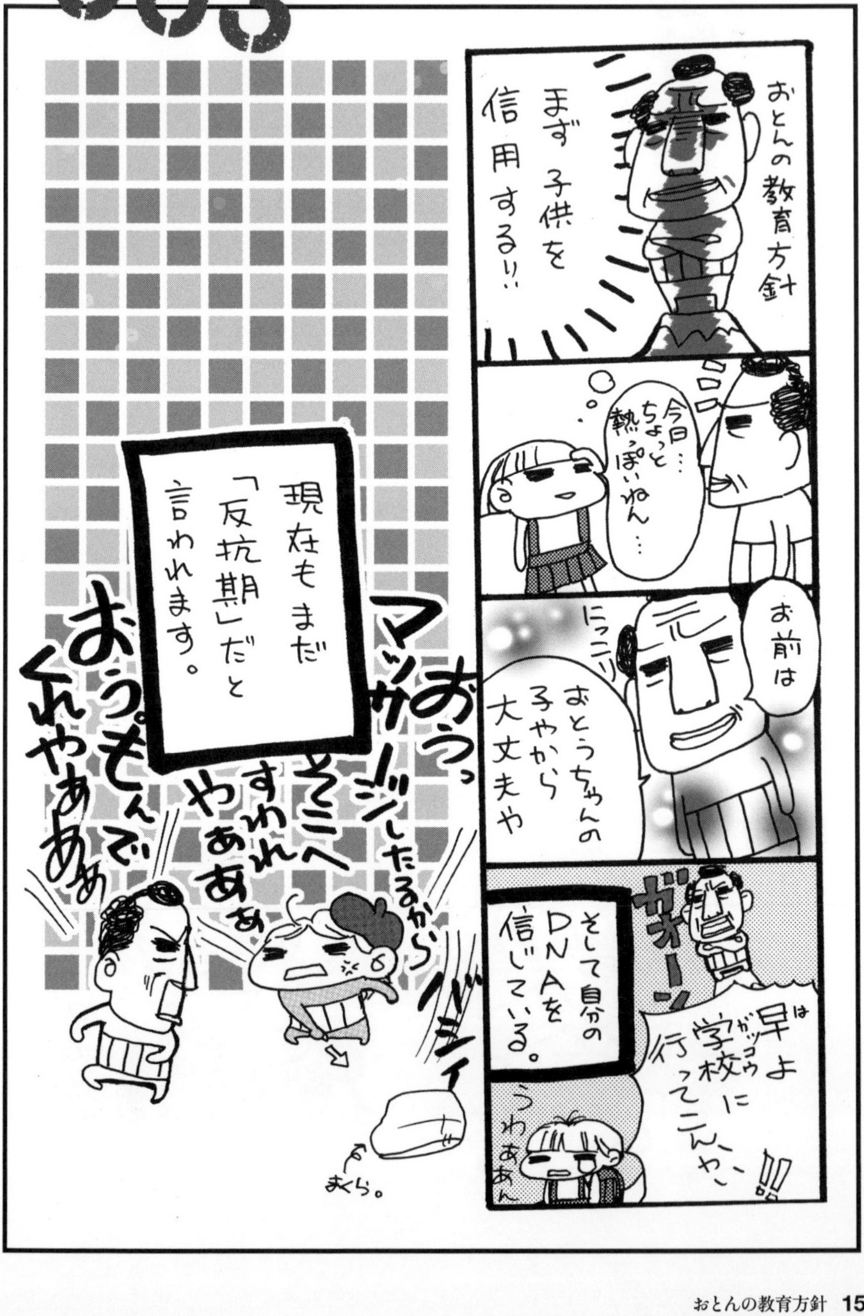

おとんの教育方針
まず子供を信用する!!
今日…ちょっと熱っぽいねん…
にっこり
お前は
おとうちゃんの子やから大丈夫や
ガオーッ
そして自分のDNAを信じている。
早よ学校に行ってこんか!!
うわああん
現在もまだ「反抗期」だと言われます。
おうっ マッサージしたるからそこへすわれやあああ
おう。もんでくれやあああ
バシィ
まくら。

おとんの教育方針

「父さんにだって殴られたことないのに」という決めゼリフは、アニメの中の話だけだと勝手に決めつけていた。

でも、そうじゃなかったんですね。実際に殴られたことがない人が世の中にはたくさんいてました。

理解不能だったので、途中は「憲法9条の影響はすごいんだなー」とか思ってました。勘違いでした。まぁ、いいや（よくないけど）。

おとんはよくテレビとお話をします。会話が好きなのです。最近の「すぐキレてしまう若者」のニュースを聞いてさっそくキレてました。

「言うことを聞かん奴に何を言っても無駄や！　殴った方が早い！」

と合理的な考えをテレビに向かって叫びます。近所中に丸聞こえです。

この前も、一緒に車に乗っていたら、二人の人が自転車で横に並んで走っているのを発見し、「あほか！」と脳の毛細血管を切っていました。

自転車の人たちと「会話」をしたかったんだと思いますが、車の外におとんの声はもれませんでした。よかったです。

これで相手が私だったら……。もちろん「会話」をしようとします。おとんの理論はすごく単純明快なのですが、私は素直に首をタテにふりません。するとコブシとコブシの「会話」になります。

この「会話」も近所中に丸聞こえです。私の染色体はXXなのですが、男女平等派のおとんは男も女も対等に扱います。

教育熱心なおとんのおかげで私はずいぶん「人の痛み」について考えるようになり、「平和って素晴らしい」と感じるようになりました。

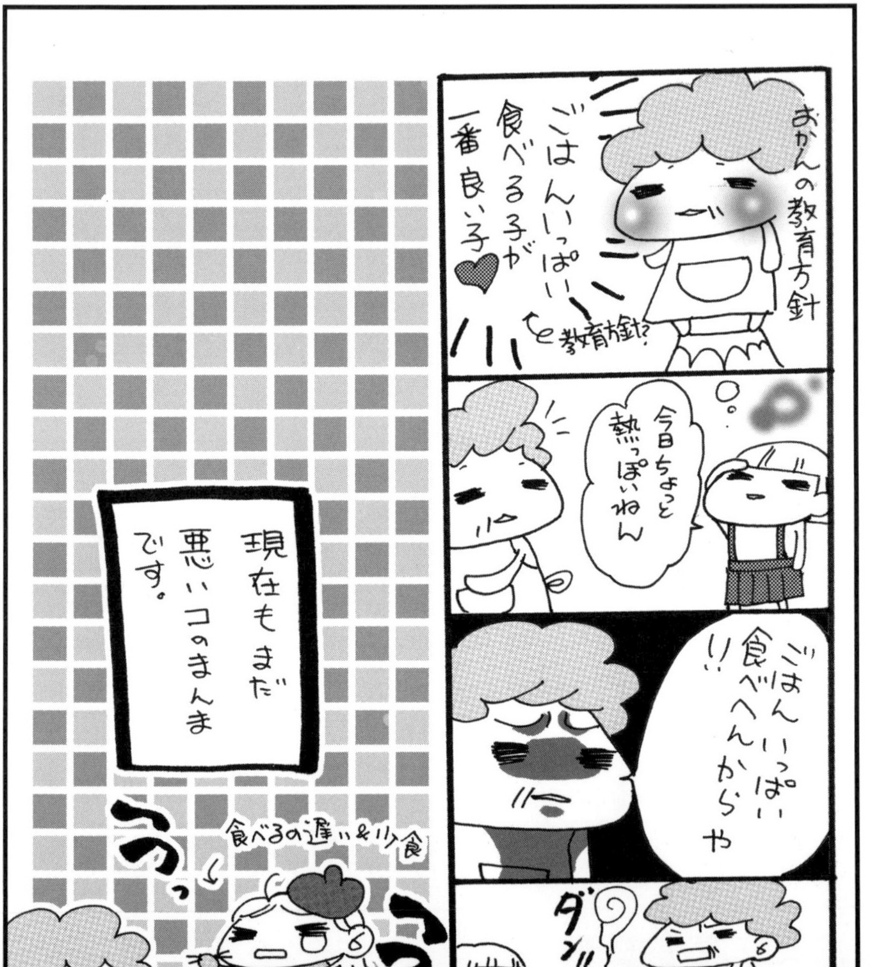
おかんの教育方針
ごはんいっぱい食べる子が一番良い子
教育方針？
今日ちょっと熱っぽいねん
ごはんいっぱい食べへんからや!!
早く食べて!! 学校に遅刻するで!!
「ごはん」を信じてる
現在もまだ悪いコのまんまです。
食べるの遅い＆少食
うっ
うっ
ダン
064

おかんの教育方針

「**好きなことをしててもやな、ちゃあーんと朝起きて、ちゃあーんとごはん食べなあかんでえぃ**」

おかんの口癖（くちぐせ）である。おかんは伝説にあるとおり、子どもの頃幸福な食事事情ではなかったので、食べ物をちゃんと食べられる状態が一番幸せだと信じてやまない。

「ごはんを食べる子はみーんなよい子」とか言うもんだから、ちょうどニュースでやっていた殺人犯を指差し、

「じゃあ、犯罪を犯した人で、太っている人はどないなん？」

と聞くと、

「あれは、ちゃんとしたごはん食べてへんから太ったんやで！　栄養が片寄るとな、あんな体になんねん、犯罪をな、犯すようになるねん」

と切り返してきた。ちょっと一理あるような気がするから不思議である。

なのでダイエットなどにも大反対。

化粧といい、ダイエットといい、おかんは私が色気づくのを阻止（そし）してやまない。おいら、もう20歳過ぎてるのに。四捨五入すれば三十路（みそじ）だというのに。年頃というか、もうなんか腐（くさ）ってきてるのに。

「**そんなんせんでも、お母ちゃんはうまいこと生んでるんやから大丈夫！**」

と言って聞かない。愛情だと思えば少しうれしいが、彼女の感性はやはりどこかずれているため素直に喜べない自分がいる…。

その前に「よく食べる子がいい子」って教育方針なのだろうか、そもそも。

わからない。だって相手がおかんだから…。今度食べる時は頑張ってごはん二杯食べよう…。

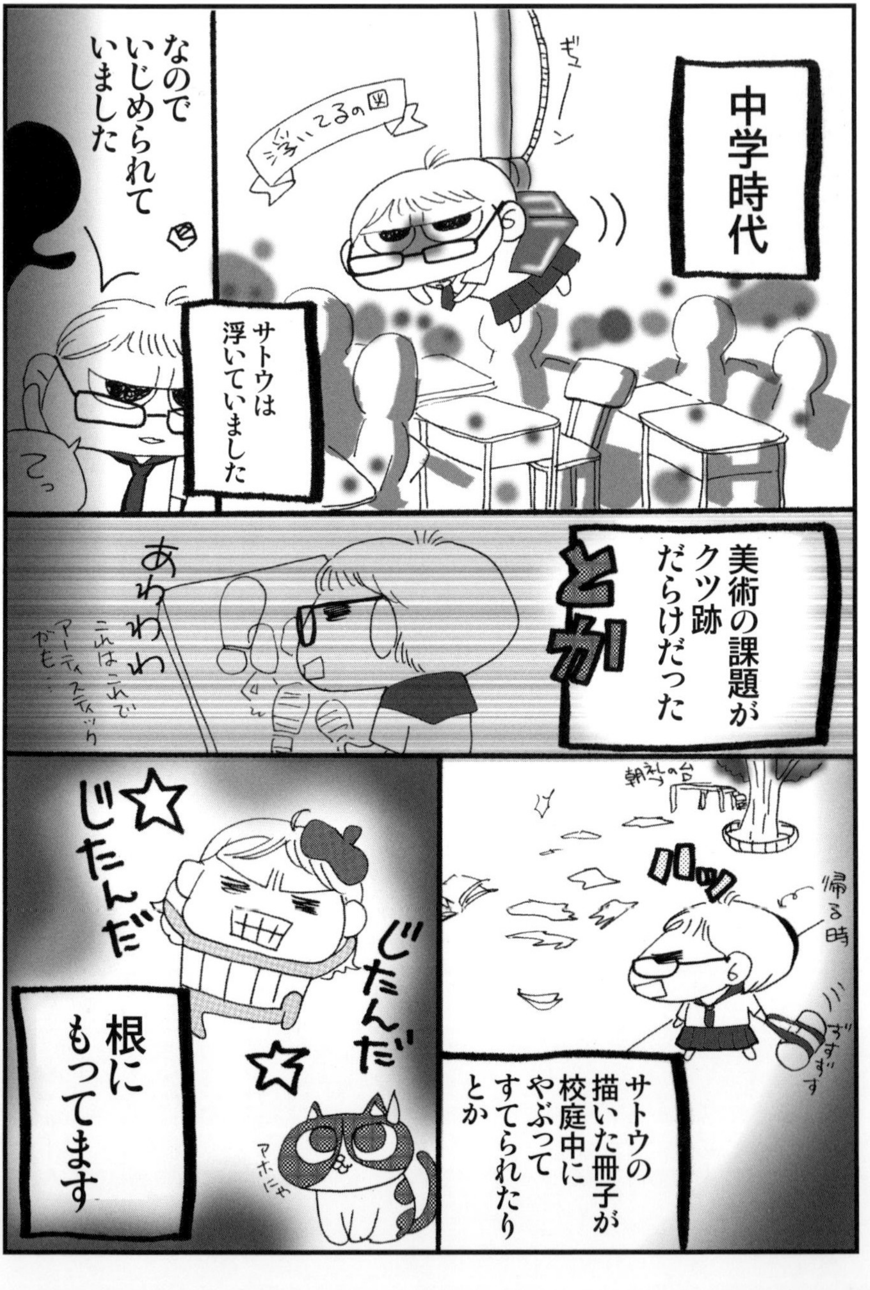
中学時代
浮いてるの図
ギューン
なので
いじめられて
いました
サトウは
浮いていました
美術の課題が
クツ跡
だらけだった
とか
あわわわ
これはこれで
アーティスティック
かも…
朝礼の台
ハッ
帰る時
ずずずず
サトウの
描いた冊子が
校庭中に
やぶって
すてられたり
とか
じ☆
じたんだ
じたんだ
☆
アホにゃ
根に
もってます

065

悔しい思い出

おとんとおかんから伝説の（？）ＤＮＡを受け継いで生まれてきたサトウ。やっぱり小学校、中学校、高校はまわりから浮いてたな、と思わざるを得ない。

まぁ、途中から、『人生、人と違うことをしてナンボ』などと思いだしたりしてからは、確信犯的に浮いてた気もしないでもない。

小学校の頃から私の持ちネタは、『絵がうまい』。これだけだったように思う。勉強も好きだし、運動もできなくはなかったので、厳密に言うと違うけども、私もまわりも「絵といえばサトウ、サトウといえば絵」みたいなところが確かにあった。

テレビの話をしていても、**時代劇の話に夢中になるサトウ**にクラスの視線は氷点下。が、そんないつもはよそよそしいクラスの人も、あるときになると好意的に近づいてくることもあった。それは何かのパンフレットの表紙や、体育祭などのイベントで看板を描くときである。

「絵のセンスのない私たちが手伝っても足手まといになるだろうから…」

と全部私に描けと言う。

すごく腹が立った。そういう人に限って優しいのはそのときだけだった気がしたから。下校中に後ろの方から、

「ちょっと絵がうまいからっていい気になっちゃって」

と嫌みったらしく言われたこともある。

ここまで絵ばかり描いて、それで仕事をしているので、今となっては「そうよ、いい気になってますわよ」くらいのことは言えるけれども、これがなかなか悔しいので、**思いだしては筆を持つ手にチカラを込めるサトウなのです。**

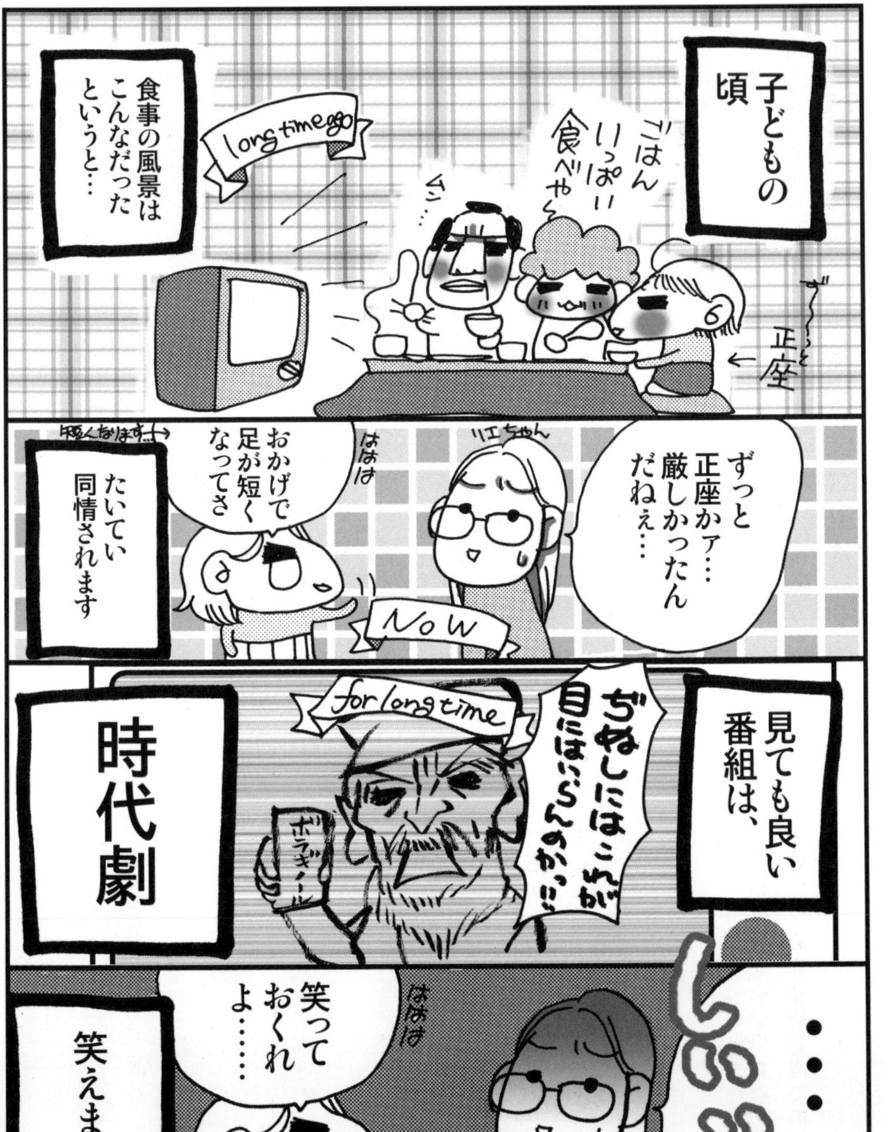
子どもの頃
ごはんいっぱい食べや〜
ム…
ず〜〜っと正座
食事の風景はこんなだったというと…
long time ago
ずっと正座かァ…厳しかったんだねぇ…
リエちゃん
ははは
おかげで足が短くなってさ
短くなります…
たいてい同情されます
NoW
見ても良い番組は、
ぢゃしにはこれが目にはいらんのかっ!!
for long time
ボラギノール
時代劇
・・・
しーーーん
ははは
笑っておくれよ……
笑えません
NoW

066

宮本武蔵

子どもの頃、時代劇ばっかり見ていた。

もちろんおとんの趣味だったのだけど、いつの間にかそうやって何気なく時代劇を見ているうちにその中にある「**日本的なワビサビ**」とか「**義理人情**」なんかがなんとなくわかってきて、「時代劇が好き！」となってしまった。

それが災いして、高校のとき「芸能人ではだれが好き？」という話題に、「藤田まこと」と答えて、絶句もしくは、「だれそれ？」と聞かれるありさまだった。

時代劇好きと似顔絵…なんの接点もない話題かと思いきやそうじゃないんだな！　実はサトウさんは時代劇のおかげで似顔絵にかかせないクセをつけることができたのだ!!

それは北大路欣也が主演の新春大河ドラマ（あの、お正月に何時間もかけてやる時代劇のことね）『宮本武蔵』の1シーンだった。

雨の降る中、小屋で雨宿りしている北大路欣也…もとい宮本武蔵は窓から見える雨だれの落ちる間隔を目で追いながら、雨だれを斬るタイミングを計っている。雨の音の中、宮本武蔵の片目だけが動いている（眼帯してるから）。そこでナレーションが、「**ムサシは目で雨を斬っていた**」**と入ったとき、思わず、「かっこいーい!!」と感動してしまったのです**。武蔵の中にしみついた兵法者の血が、ただの雨でさえも無意識に「斬ってしまう」というシチュエーション。これにくらっときてしまった。私が似顔絵を描きはじめたとき、この1シーンを思い出し、

「**そうだ、私も武蔵のように人を見たら『目』でその人の顔を描かねばなるまい!!**」

と一大決心したのです。これがとてもとても役に立った。まず似顔絵を描く速度がとても速くなったのと、世の中にはほんとうにたくさんの顔があるということを実感をもって知ることができたから。

人生、何が役に立つかなんてわからないね！　ホントに!!

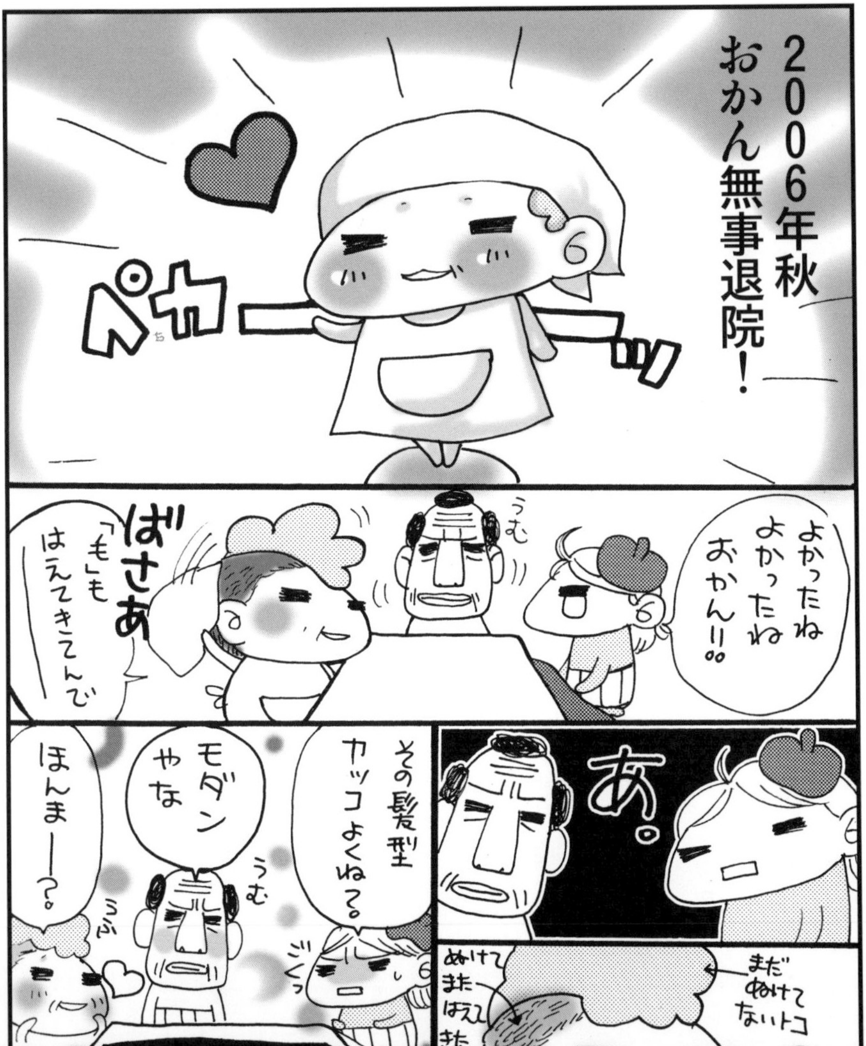
2006年秋
おかん無事退院！
パカーッ
よかったね
よかったね
おかん!!
うむ
ばさぁ
「も」もはえてきてんで
あ。
まだぬけてないトコ
ぬけてまたはえてきたトコ
なー？
その髪型
カッコよくねて。
ごくっ
うむ
モダンやな
うふ
ほんまーー？
これが
佐藤家
です

オガーン

067

オカンがガンになった。ガーン。略して「オガーン！」である。

別にバカにしてるわけじゃない。1行目のギャグ（?）はオカン自身から発せられたものだから、サトウもそれに合わせているのだ。

笑った。こういう死を連想させる病になってなお、うちのオカンはオカンなので、誇りに思う。

泣きながら笑った。

「実を言うと去年の夏くらいから違和感はあってん…でもお母ちゃん、この年になって乳ガンになるって聞いてへんかったから、油断してたわぁ」

「子どもも二人生んでるし、もしできてももう一個（おっぱい）あるから平気」

子どもも生む気でおるし！ オカンは今年で58歳。

こんな明るいNｅｗガン患者をドラマでも見たことがない。オカンのオカン、つまりサトウのおばあちゃんが早世した原因もガンであるらしいということも初めて聞いた。そしてそれをオカンは知っていたのに「**保険料がもったいない**」とガン保険に入っていないという事実をサトウは知り、「このバチカンがぁあああ！」と叫んだ（「バチカン」は「バカチン」のもじり）。

こうなったら明日はわが身である。ただでさえ、にがおえ師というヤクザーな職なのに、将来はガンの可能性におびえて暮らすなんて！

「ちょっとカッコいいかも？」とか思っちゃうじゃないか！

「死ぬんよか、お金がなくなることのほうが恐ろしい」

というオカン。抗がん剤飲んでるのに、ピンピンしてるオカン。

抗うつ剤を3日でリタイアしたことのあるサトウは、それだけでオカンの偉大さに平伏。

もしサトウが将来ガンになったら、どんなにつらくても同じギャグ（「オガーン！」）を言おうと決めたのであった。

天王寺から世界へ

山下清のような放浪の旅を夢みていた。

といってもテレビ版の「山下清」なわけだけど（実際の彼の行動をそのまま真似するのはちょっとできない相談だ）。

中学生や高校生のとき、

「いつかきっと日本中、いや世界中を絵を描きながら放浪したい…」となんどもうっとりした。学校の試験なんか近づくとさらにそれは加速した。

そんなエピソードを人様に披露すると、

「じゃあ、サトウさんは絵を描きながらハダカにならないとダメですね！」

と笑顔で言われたりする。

とにかく、そんなわけで世界を夢みていたサトウさん。日本ならともかく、世界を旅するとなったら、いろいろ大変そうだ。

まず言葉はどうするのだ。独学にも限界があることを、英語に関してはひしひしと感じる毎日。おとんとおかんに頼み込んで、某有名英会話教室に入った。その頃、私立の芸大に入るか、国立の教育大に入るかちょっと迷っていたのだが、

「バカ高い私立はあきらめる！　そのかわり英語を習わせてくれ」

と訴えたのだ。絵を描くのはどこでも描けるさと、世界に行けばそこがサトウのキャンバスだと言わんばかりに。

そして、天王寺の歩道橋と出会い、人と出会い、似顔絵と出会い、

「世界中の人の似顔絵が描きたい」

に自然と、サトウの夢はいつの間にか変わった。

歩道橋の煙たい空を見上げながら、見た事もない土地のことを考えたり、それなのに天王寺から離れる事にためらったり。そうこうしている間に、何年かたち（その途中でサトウは大学をギリギリで卒業）、歩道橋で似顔絵ができなくなった。ものすごく落ち込んだ。

しかし、こうも考えた。

「これはきっと、歩道橋を卒業して、夢にトライするよい機会に違いない。歩道橋が、どっちつかずのサトウに〝世界に行け〟と言ってくれてるんや」

ちょっと強引だけど、そう思って、平日は画材屋のバイト、土日はイベントなどの出張似顔絵に行き、休みなしで働いて貯金を続けた。

そんな中、親しくなった先輩にがおえ師さんから、

「似顔絵の世界大会があるんだけど、出場してみない？」と聞かれ、

「行きたいです！　行かせてください！」と即答。

場所はアメリカ、ギャンブルの都ラスベガスだという。なんだか、自分の運を試される、本当のギャンブルのようだと、妙に感心しながら渡米。

そこでサトウはいろんな人と出会い、

「アメリカで似顔絵を描きたい！」と叫んでいたら、できるようになった。

そのとき、なんだか、歩道橋と、そこに集まった人たちの顔が浮かんだ気がした。

うれしい報告をする事ができて、うれしいと思った。どこにいても〝つながっている〟と思った。

きっと、いつか帰ることができると。

あの、ツギハギだらけで汚い歩道橋は、期待しないで待っていてくれると。

ずっと。きっと。いつまでも。

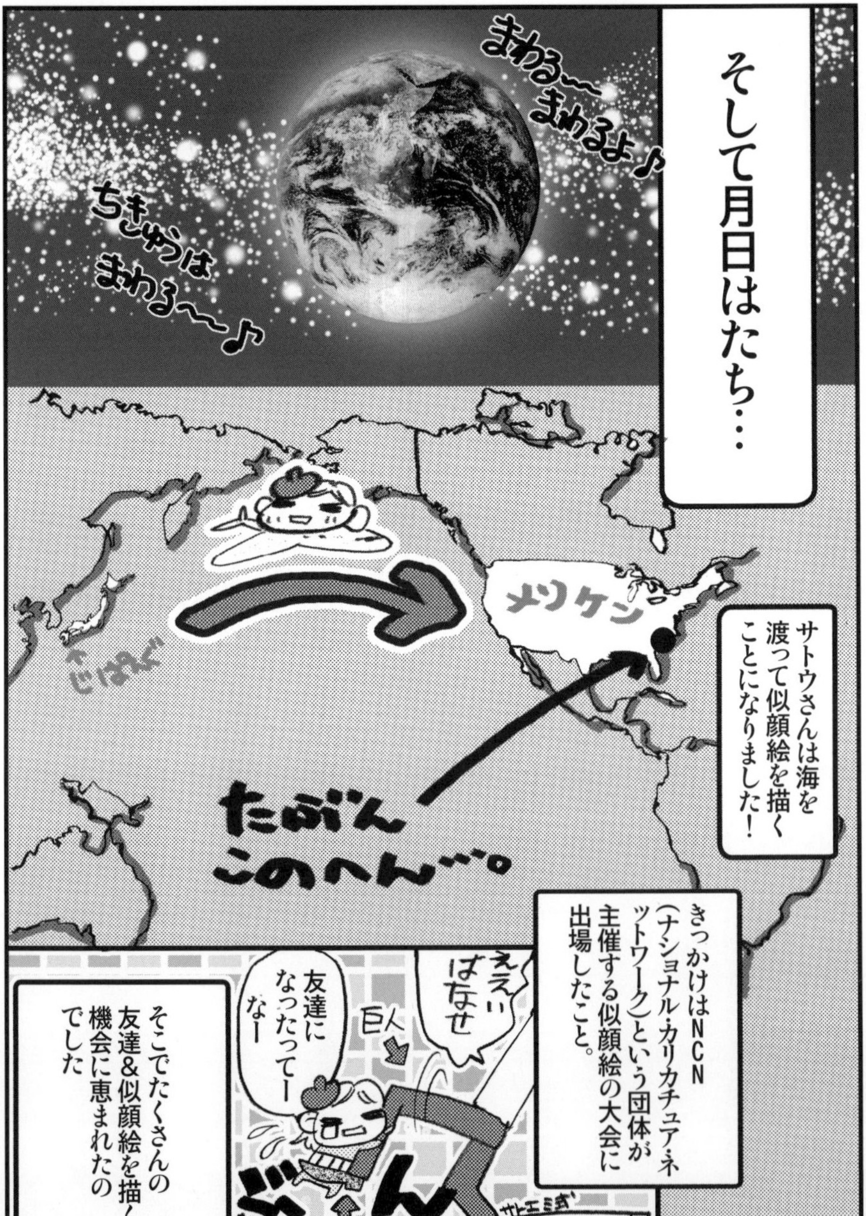
そして月日はたち…
まわる〜〜まわるよ♪
ちきゅうはまわる〜〜♪
メリケン
じぱんぐ
たぶんこのへん…。
サトウさんは海を渡って似顔絵を描くことになりました!
きっかけはNCN(ナショナル・カリカチュア・ネットワーク)という団体が主催する似顔絵の大会に出場したこと。
ええいはなせ
巨人
友達になったってーなー
ぶん
小人
サトエミ式 友達のつくり方
そこでたくさんの友達&似顔絵を描く機会に恵まれたのでした

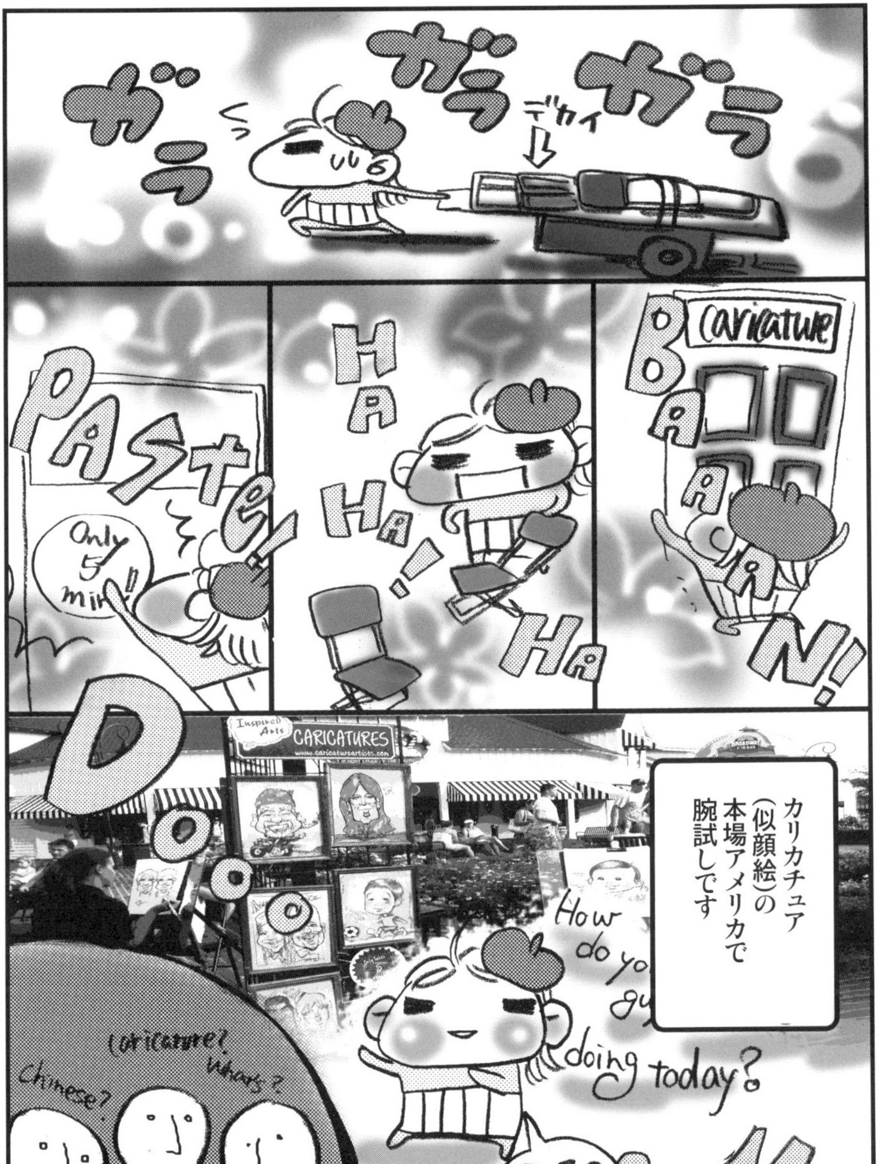
ガラ ガラ
ガラ ガラ
デカイ
Caricature
BAAAAN!
HA HA! HA
PASTE!
Only 5 min!
カリカチュア(似顔絵)の本場アメリカで腕試しです
Inspired Arts
CARICATURES
How do you guys doing today?
DOOOOM!
DoKi DoKi
Caricature?
What's?
Chinese?

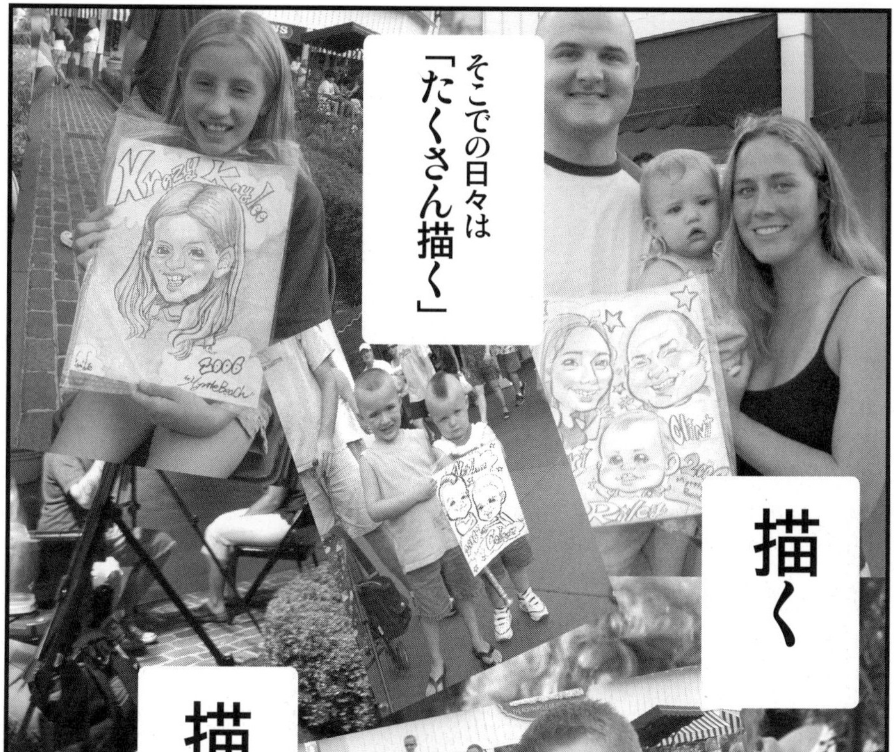
そこでの日々は
「たくさん描く」
描く
描く

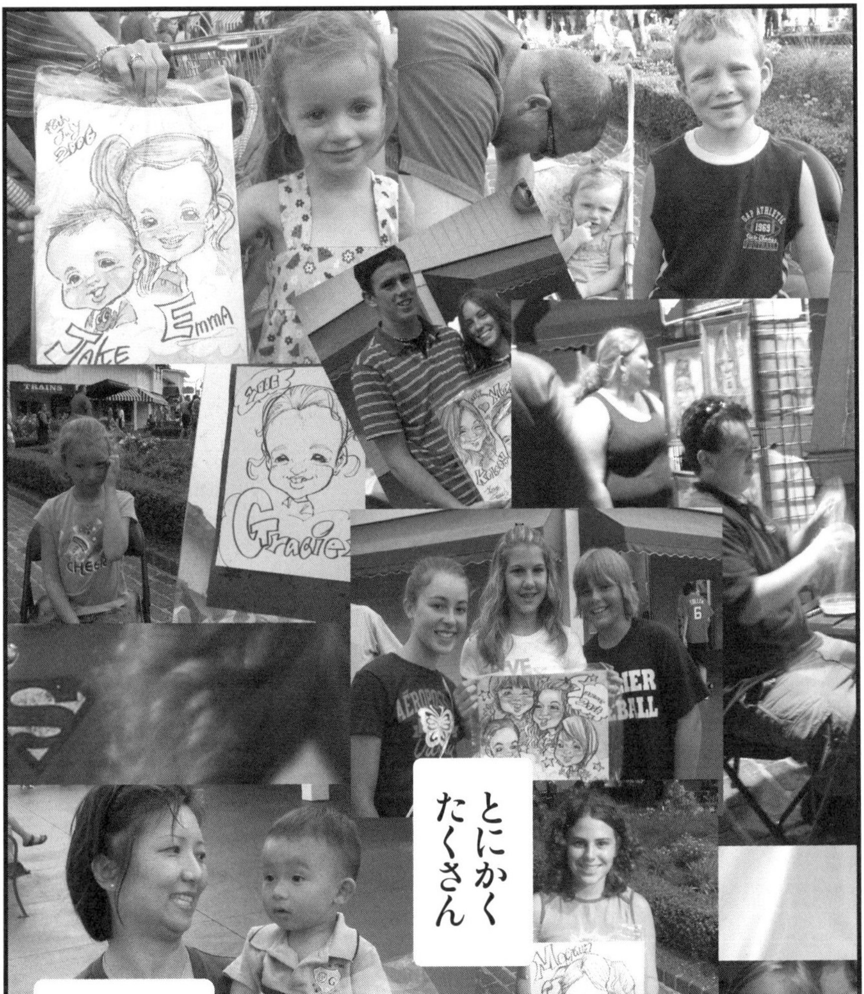
とにかく
たくさん
描く
Emma
TRAINS
Alex
2006

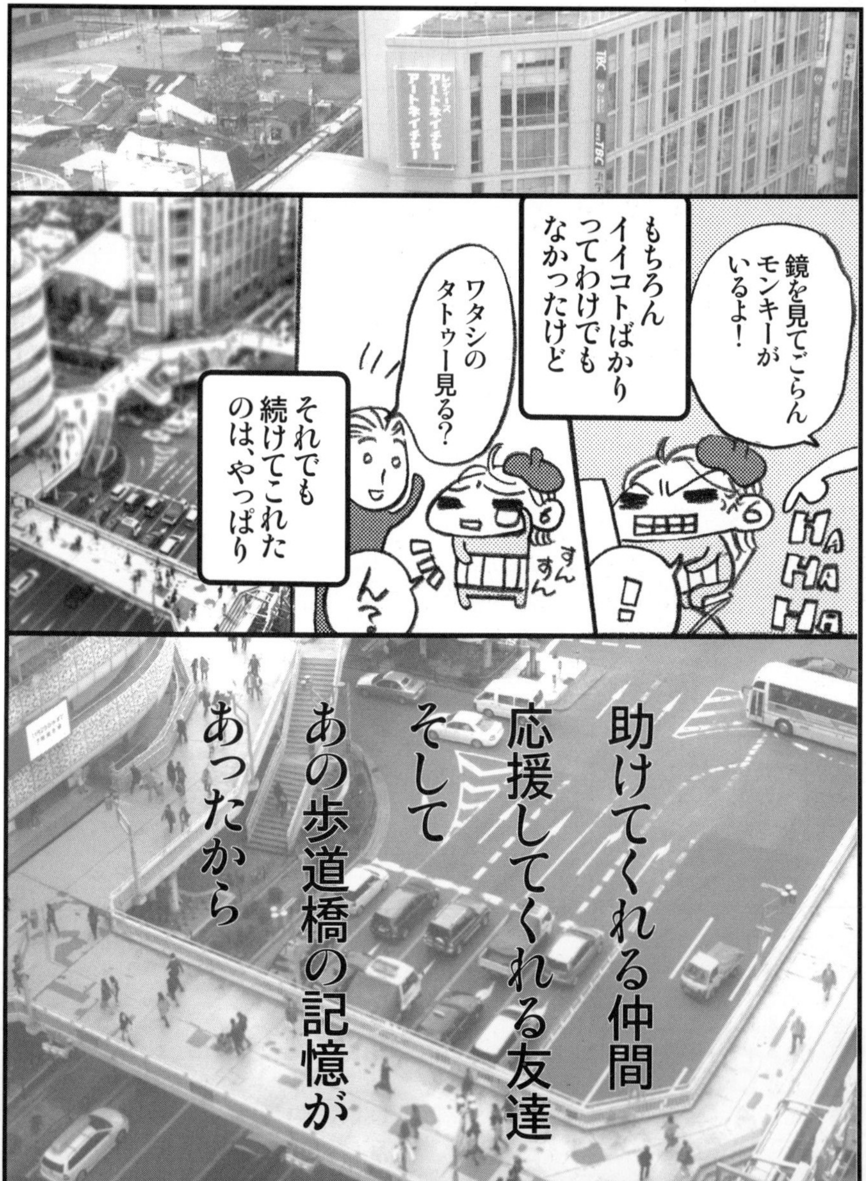

鏡を見てごらん
モンキーが
いるよ！
HA HA HA
もちろん
イイコトばかり
ってわけでも
なかったけど
ワタシの
タトゥー見る？
！
すん
すん
ん？
それでも
続けてこれた
のは、やっぱり
助けてくれる仲間
応援してくれる友達
そして
あの歩道橋の記憶が
あったから

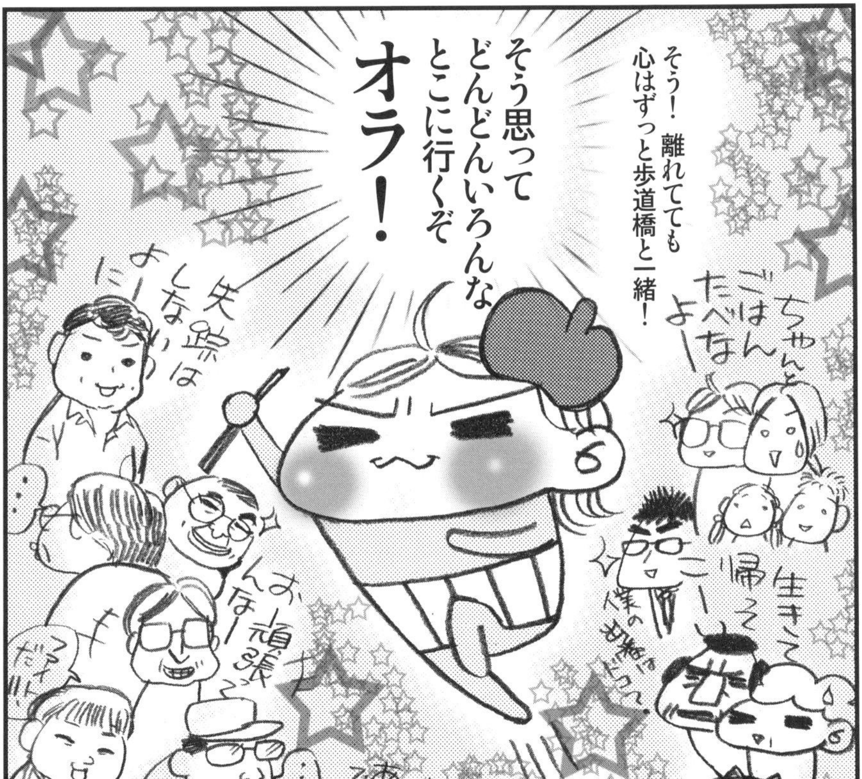
そう！ 離れてても
心はずっと歩道橋と一緒！
そう思って
どんどんいろんな
とこに行くぞ
オラ！
ちゃんとごはんたべなんよー
生きて帰ってこーい
失踪はしないように
動きすぎや
ダメニャこりゃ
——たぶん

あとがき

世の中、完璧なものなどない。実際この本の後半にでてくる佐藤家は「ひとり」かけているのだが、
「ちょっとでも書いたら訴えてやる！」と言っているので書けんのだ。
でもいつか「奴」を買収してやりたい。おかんはおかんで、この本が出ることを今でもウソだと思っている。おとんは「自費出版やろ」と言っている…。
完璧とはほど遠い信頼関係をきずいてるのだ‼
でも感謝してる。家に帰ればごはんとネタにありつける日々。こんな幸せなことってない、と今はそう思う。
他にも完璧でないものがこの本には詰まっています。たとえばサトウの記憶。おとんの生年を戦後だと思っていた…。他にもあると思うとわくわくします。
この本が出るころの約一年前、サトウさんは某英会話学校で世界一周航空チケットなるものをもらいました。
連れていきますよ、あのおとんとおかんを。連れていくことになった理由はすごく長くなるのでおいときますが、飛行機内で殴り合いとかしないように頑張りたい。
この本の印税はその旅行で消えます。といいますか前借りさせてもらいます。初のエッセイで前借り。本当にマガジンハウスの村尾様には頭があがりません。
他にもたくさんの人に助けられながら生きてきました。サトウに化粧をすること

教えてくれた華子先輩、足長おじさんの平岡店長、東京に行けば必ず泊めてくれた、なをみさんとシステム様。ライトニングサイクスさんのくれた1万円で初めて東京行って雑誌の仕事がとれたときは泣いたっけな。何かと世話をやいてくれた松本渉氏には立のむねちゃん、この本のほとんどの写真を撮ってくれた松本渉氏にはいつかごはんをごちそうしたい。ピンチのときに仕事を作ってくれるポップリカ社長のつくつくどの、村尾様とサトウを引き合わせてくれたTさんにも感謝。

たまに一緒に日干しになってくれた理恵ちゃんにも感謝。お店に行けば必ず美味しいぶたまんをごちそうしてくれる老祥記の曹さん、かわいらしいホームページを作ってくれたまちぞうさん、サブを授けてくださったとみやさん、そしてサトウの汚い原稿をキレイにしてくれたデザイナーの岡さん、本当にありがとう。ゴーヤドリンクさん、すーさん、セローさん、ひなこどの、明石どん、ステッドラーの遠井さん渋谷さん、谷口さん、若林さん、ワコムタブレットの藤本さん、松本さん、笠井さん、星の子プロダクションの小河原智子先生、恩師の犬童先生、谷村先生、竹内先生、あとポニーさんをはじめとするこの本に写真で載ってしまった方々…ありがとうというか、すみませんでした…。

そして今まさにこの文字を読んでいる人にも、感謝。

ありがとう。こんな完璧じゃないサトウの本を手にしてくれて。

いつかあなたに会って似顔絵が描きたい。

何度でも。完璧じゃないからこそ。何度でも。

２００７年３月某日　佐藤恵美

佐藤 恵美(さとう えみ)

1980年7月18日大阪生まれ。大阪教育大学教育学部卒業。英会話NOVAのレベルアップコンテスト2005年度優勝者。天橋立公認似顔絵師。NCN（世界似顔絵師連盟）公式メンバー。
大学生のときから天王寺の歩道橋で似顔絵を描き始めるが、数年後取り締まられてしまい断念。とりあえず、アメリカを皮切りに世界を舞台に似顔絵を描きまくり、ゆくゆくは宇宙をふわふわ飛びながら地球の似顔絵を描くのが夢。今回このエッセイを書くにあたり「文章のほうが上手」と言われ、かなり複雑な心境。
http://satoemi.com/

なにわの路上ニガオエスト
泣き笑い顔面事件簿
なんでやねん！
にがおえ師っ

2007年4月19日　第1刷発行

著者　佐藤恵美
発行者　石﨑 孟
発行所　株式会社マガジンハウス
東京都中央区銀座3-13-10　〒104-8003
電話　書籍営業部　03･3545･7175
書籍出版部　03･3545･7030
装丁　細山田デザイン事務所

印刷･製本　（株）光邦

ISBN978-4-8387-1782-8 C0095